INSTRUCTION

SUR LES CONDITIONS D'ADMISSION

DANS LA GENDARMERIE

DES

OFFICIERS ET SOUS-OFFICIERS DE L'ARMÉE

ET

PROGRAMMES DES EXAMENS A SUBIR

2e ÉDITION

PARIS	LIMOGES
11, Place Saint-André-des-Arts	46, Nouvelle route d'Aixe, 46

HENRI CHARLES-LAVAUZELLE

Editeur militaire

1889

INSTRUCTION

SUR LES CONDITIONS D'ADMISSION

DANS LA GENDARMERIE

DES

OFFICIERS ET SOUS-OFFICIERS DE L'ARMÉE

ET

PROGRAMMES DES EXAMENS A SUBIR

2e ÉDITION

<table>
<tr><td>PARIS</td><td>LIMOGES</td></tr>
<tr><td>11, Place Saint-André-des-Arts</td><td>46, Nouvelle route d'Aixe, 46.</td></tr>
</table>

Henri CHARLES-LAVAUZELLE

Éditeur militaire.

1889

INSTRUCTION

SUR LES CONDITIONS D'ADMISSION

DANS LA GENDARMERIE

Des Officiers et des Sous-officiers de l'armée

ET

PROGRAMMES DES EXAMENS A SUBIR

Propositions pour la gendarmerie (officiers et sous officiers).

(REVUE TRIMESTRIELLE DE JANVIER)

Les propositions en faveur des capitaines, lieutenants et sous-lieutenants de l'armée qui désirent entrer avec leur grade dans la gendarmerie, ainsi que celles concernant les adjudants, maréchaux des logis chefs et sergents-majors qui demandent à concourir pour des emplois de maréchal des logis ou de brigadier sont établies à la *revue trimestrielle de janvier*. (Note ministérielle du 14 mars 1882.)

Les conditions que doivent réunir les candidats et les pièces à produire sont les suivantes :

1° *Officiers* (1).

Limite d'âge
{
Capitaines, 40 ans révolus au 31 décembre de l'année courante ;
Lieutenants et sous-lieutenants, 36 ans.
}

Tous ces officiers doivent avoir au moins 25 ans d'âge.

----

(1) Les capitaines, les lieutenants et sous-lieutenants d'infanterie qui font preuve, devant l'inspecteur général, de connaissances sérieuses en équitation, en hippiatrique et en hippologie, sont admis à concourir avec les officiers de troupes à cheval pour la gendarmerie départementale, à la condition de faire un stage de six mois dans un régiment de cavalerie. Cette obligation n'est pas imposée aux officiers qui sont exclusivement proposés pour l'infanterie de la garde républicaine. (Décision présidentielle du 18 décembre 1882.)

Leur demande doit exprimer leur option pour les emplois montés ou les emplois d'infanterie de l'arme et, dans aucun cas, ils ne peuvent figurer aux deux titres (infanterie et cavalerie) sur les listes du classement.

Le stage commence dans les deux mois qui suivent l'admission de l'officier dans l'arme, et il a lieu dans un des régiments de cavalerie de la brigade du corps d'armée auquel les officiers appartiennent, à l'exclusion, quand il y a possibilité, du régiment stationné dans la résidence même des intéressés. (Note ministérielle du 7 mars 1883.)

Les officiers classés ne sont pas assujettis chaque année aux épreuves de l'examen. (Note ministérielle du 20 décembre 1879.)

Les sous-lieutenants doivent avoir un an d'activité dans leur grade au 31 décembre de l'année courante; il n'y a pas de condition d'ancienneté pour les lieutenants et les capitaines.

2° *Sous-officiers* (1).

Limite d'âge. { Adjudant, 35 ans ; Maréchaux des logis chefs et sergents-majors, 32 ans.

Tous les candidats doivent, au 31 décembre de l'année courante, avoir au moins 25 ans, un an de grade et d'emploi, et compter trois ans de services effectifs.

Le minimum de taille est fixé à 1^m,66.

Les pièces à produire sont les suivantes :

1° Pour les officiers : acte de naissance, état signalétique et des services, extrait du registre du personnel, demande de l'intéressé ;

2° Pour les sous-officiers : acte de naissance, état signalétique et des services, relevé des punitions, demande de l'intéressé, une page écrite sous la dictée, certificat d'aptitude physique délivré par un médecin du corps, certificat de

---

(1) Les sous-officiers proposés attendent à leur corps qu'il leur soit assigné des destinations par le Ministre de la guerre. Ceux qui rentrent dans leurs foyers avant d'avoir été nommés doivent, s'ils persistent dans l'intention de se faire admettre dans la gendarmerie, se faire proposer à nouveau par le chef d'escadron commandant la compagnie dans la circonscription de laquelle ils se sont retirés.

toisé, extrait du casier judiciaire, situation de masse.

Programme des examens (1).

1° *Officiers.*

Décision ministérielle du 30 mars 1863 déterminant le programme d'examen à subir par les officiers de l'armée, proposés pour être admis dans la gendarmerie (1).

EXAMEN ORAL.

Le décret du 1er mars 1854, en entier, avec les modifications qu'il a subies depuis sa promulgation.

Le décret du 18 février 1863, portant règlement sur la solde, les revues, l'administration et la comptabilité de la gendarmerie, surtout en ce qui est du ressort du commandant d'arrondissement.

Le règlement du 9 avril 1858 sur le service intérieur.

La loi du 19 mai 1834 sur l'état des officiers.

Les écoles du cavalier, de peloton et d'escadron, à pied et à cheval.

---

(1) Les examens ont lieu, chaque année, au chef-lieu de la légion, à l'époque de l'inspection générale de la gendarmerie. Cette date varie donc et est subordonnée à l'itinéraire tracé par le général inspecteur. Les candidats en sont toujours informés officiellement et en temps opportun.

L'hippiatrique (éléments contenus dans les cours abrégés d'équitation et d'hippologie à l'usage des sous-officiers de l'Ecole de cavalerie).

Les candidats auront, en outre, à faire preuve de pratique d'équitation.

La connaissance générale des principaux faits de l'histoire contemporaire et de la géographie.

EXAMEN ÉCRIT.

Rapport et procès-verbal fictifs sur des sujets donnés.

2° *Sous-officiers.*

Décision ministérielle du 6 février 1863 déterminant le programme d'examen à subir par les adjudants, sous-officiers, sergents-majors et maréchaux des logis chefs de l'armée, proposés pour entrer dans la gendarmerie en qualité de maréchaux des logis et de brigadiers.

EXAMEN ORAL.

(Décret du 1er mars 1854.)

Titre préliminaire. Section 1re. — Spécialité du service de l'arme.

Section 2. — Du serment imposé aux militaires de la gendarmerie.

---

(1) Les sous-officiers de gendarmerie proposés pour sous-lieutenant doivent satisfaire au même programme.

DISPOSITIONS PRÉLIMINAIRES.

RÈGLEMENT D'ADMINISTRATION.

(Décret du 18 février 1863.)

Des indemnités pour pertes de chevaux et d'effets (art. 189 à 191, 198 à 200).

De l'indemnité de literie (art. 210).

De la masse individuelle (art. 236 à 238, 255 à 257).

De la masse d'entretien et de remonte (art. 258 à 260).

De la masse de secours (art. 265 et 266).

Du logement (art. 261).

Paiement de la solde (art. 369 et 672 à 676).

Du livret des sous-officiers, brigadiers et gendarmes (art. 662 à 664, 666 à 669).

RÈGLEMENT DU 9 AVRIL 1858 SUR LE SERVICE INTÉRIEUR.

Titre 1er. Chap. 8. — Adjudants, maréchaux des logis chefs, maréchaux des logis, brigadiers et commandants de brigade.

Titre 2. Chap. 8. — Marques extérieures de respect.

Chap. 10. — Plantons et gardes d'écurie.

Chap. 11. — Instruction.

Chap. 12. — Tenue.

Chap. 14. — Congés et permissions.

Chap. 15. — Punitions (art. 220, 226 à 228.)

Chap. 16. — Réclamations.

HISTOIRE.

Eléments sommaires d'histoire de France, depuis le règne de Louis XIV jusqu'à nos jours.

GÉOGRAPHIE.

Divisions de l'Europe. — Bornes, fleuves et montagnes de la France.

Divisions de la France par départements et indication des chefs-lieux.

Principales possessions coloniales de la France.

POUR LES SOUS-OFFICIERS PROPOSÉS POUR L'ARME A CHEVAL.

Ecoles du cavalier et du peloton à pied et à cheval.

Hippiatrique.

Connaissance des âges du cheval et de ses principales tares, signalement et notions d'hygiène.

POUR LES SOUS-OFFICIERS PROPOSÉS POUR L'ARME A PIED.

Ecoles du cavalier et du peloton à pied.

EXAMEN ÉCRIT.

Rapport et procès-verbal fictifs sur un sujet donné.

Problèmes d'arithmétique sur les quatre premières règles.

Pour l'étude de ces examens, les candidats peuvent adresser, à M. Henri Charles-Lavauzelle, libraire-éditeur militaire, à Paris et Limoges, une demande des ouvrages suivants :

Un Règlement du 9 avril 1858 sur le service intérieur de la gendarmerie, modifié jusqu'à ce jour...................................... 1 10

Un Décret du 1er mars 1854, portant règlement sur l'organisation et le service de la gendarmerie, mis à jour et annoté.... 1 75

Un Décret du 18 février 1863, portant règlement sur la solde, les revues, l'administration et la comptabilité de la gendarmerie, annoté et mis à jour........................... 5 »

Un Règlement sur les exercices à pied et à cheval de la gendarmerie............. 1 25

Un Cours abrégé d'Hippologie, à l'usage des sous-officiers des corps de troupe..... 1 50

La présente instruction.................. 0 30

Ministère de la Guerre. Géographie. — In-18, 174 pages, avec 14 cartes................ 3 »

Ministère de la Guerre. Histoire militaire. — In-18, 246 pages, avec 12 cartes....... 4 50

Loi du 19 mai 1834 sur l'état des officiers, brochure in-18............................... » 25

Les expéditions sont faites contre mandat postal représentant la valeur des ouvrages demandés.

En outre, comme il est indispensable que les candidats à la gendarmerie se tiennent dès maintenant au courant de toutes les questions qui intéressent cette arme et de toutes les circulaires et décisions qui modifient journellement ses règlements, nous les engageons instamment à s'abonner à l'*Echo de la Gendarmerie*, journal créé spécialement pour la défense des intérêts de l'arme. Il donne aussi les tableaux d'avancement dès qu'ils paraissent, ainsi que toutes les nominations et promotions.

On s'abonne dans tous les bureaux de poste au prix de 6 fr. 50 par an.

L'Annuaire spécial de l'arme de la Gendarmerie est envoyé chaque année gratuitement aux abonnés.

Paris et Limoges. — Imp. militaire H. CHARLES-LAVAUZELLE.

CATALOGUE
DE LA LIBRAIRIE MILITAIRE
Henri CHARLES-LAVAUZELLE
ÉDITEUR DU BULLETIN OFFICIEL DU MINISTÈRE DE LA GUERRE
CHARGÉ DE LA VENTE DES PRODUITS DU DÉPÔT DE LA GUERRE

La Librairie Militaire Henri Charles-Lavauzelle, à Paris et Limoges, se charge de publier, soit à son compte, soit à celui des Auteurs, tous les Ouvrages militaires se rattachant à sa spécialité; une puissante organisation lui permet d'offrir les meilleurs avantages.

Les Commandes accompagnées d'un Mandat postal ou de Timbres-Poste sont expédiées *franco*.

TABLE DES MATIÈRES

PARIS | LIMOGES
11, Place St-André-des-Arts | 46, Nouvelle route d'Aixe

Henri CHARLES-LAVAUZELLE
Editeur militaire

PETITE BIBLIOTHÈQUE

DE

L'ARMÉE FRANÇAISE

Honorée d'une souscription de 22,000 exemplaires du ministère de la Guerre, et d'une médaille d'or en 1885 de la Société d'instruction et d'éducation de Paris.

SÉRIE DE VOLUMES IN-32, D'ENVIRON 128 PAGES

Broché... » 30
franco. » 35
Relié toile anglaise gaufrée et dorée...................... » 60

LE GÉNÉRAL BOULANGER, actes et paroles, par H. C. P. B.

HISTOIRE MILITAIRE DE LA FRANCE, de 1643 à 1871, par Émile Simond, lieutenant au 28° de ligne. — 2 vol.

ARMÉES ÉTRANGÈRES CONTEMPORAINES : Europe, Asie, Afrique, Amérique, Océanie, par A. Garçon, 2 volumes.

L'ARMÉE ALLEMANDE, son histoire, son organisation actuelle. — Vol. de 128 pages (4° édition).

L'ARMÉE SUISSE, son histoire, son organisation actuelle, par le commandant Heumann, O ✠. — Vol. de 136 pages.

L'ARMÉE RUSSE. — Tome Iᵉʳ : Organisation générale ; — Le règlement d'infanterie ; — Le service en campagne ; — Instruction sur les travaux de campagne. — Vol. de 96 pages, orné de figures (2° édition).

L'ARMÉE BELGE, composition, recrutement, mobilisation, écoles militaires, institut cartographique, armement, manufacture d'armes de Liège, régime intérieur, alimentation, uniformes, système défensif (2e édition). — Vol. de 96 pages.

L'ARMÉE ANGLAISE, son histoire, son organisation actuelle, par A. Garçon (2° édition). — Vol. de 144 pages.

LA MARINE ANGLAISE, histoire, composition, organisation actuelle, par A. Garçon. — Vol. de 96 pages.

L'ARMÉE ITALIENNE, son organisation actuelle, sa mobilisation. — Vol. de 128 pages.

L'ARMÉE OTTOMANE CONTEMPORAINE, par Ch. Lebrun-Renaud. — Vol. de 96 pages.

L'ARMÉE DES PAYS-BAS, notices militaires et géographiques (publication de la Réunion des officiers). — 2 vol.

L'Armée suédoise, par le capitaine R. R***. — Vol. de 62 pages.

L'Armée portugaise, par A. Garçon. — Vol de 108 pages.

Journal du siège de Tuyen-Quan (23 novembre 1884-3 mars 1885), avec un plan de la forteresse, d'après un croquis du lieutenant-colonel Dominé. — Vol. de 102 pages.

Historique succinct de l'artillerie au Tonkin, pendant les années 1883 et 1884, par C. Humbert, chef d'escadron d'artillerie de la marine, breveté d'état-major. — 2 vol.

Étude militaire sur l'Egypte, campagne des Anglais en 1882 (2e édition). — Vol. de 32 pages sur fort papier velin.

Le Soudan, Gordon et le Mahdi, par le commandant Heumann, O ✤. — Vol. de 96 p., avec 2 cartes et 4 plans.

Précis de la guerre du Pacifique (entre le Chili d'une part, le Pérou et la Bolivie de l'autre). — Vol. de 72 pages, suivi d'une carte planimétrique de la côte du Pacifique et d'un plan des principales batailles (2e édition).

L'Éducation et la discipline militaires chez les anciens, par Marcel Poullin. — Vol. de 144 pages.

Étude sur le tir des armes portatives en France et a l'étranger. — Méthode d'instruction. — Pratique du tir. — Tir de guerre. — Vol. de 88 pages, orné de 43 gravures (3e édition).

L'Alimentation du soldat en campagne. La ration de guerre et la préparation rapide des repas en campagne, par Charles Schindler, médecin-major de 1re classe. — Vol. de 80 pages.

Rôle, organisation, attaque et défense des places fortes. — Vol. de 112 pages, avec figures dans les texte.

Guide du sous-officier et du caporal d'infanterie sur la place d'exercice, en terrain varié et sur le champ de bataille. Manuel rédigé en vue de répondre aux questions ci-après des programmes annexés à la circulaire du 3 septembre 1883, savoir : 1o Principes de discipline et d'éducation morale ; — 2o Ecole des guides à l'école de compagnie et à l'école de bataillon ; — 3o Fonctions des caporaux dans la colonne de route ; — 4o Place et fonctions des caporaux et sous-officiers dans les revues et défilés ; — 5o Rôle et devoirs des caporaux et des sous-officiers dans le combat en ordre dispersé (2e partie de l'école de compagnie). — Vol. de 128 pages (2e édition):

VOIES ET MOYENS DE COMMUNICATION EN FRANCE, EN ALGÉRIE ET EN TUNISIE: routes ; voies navigables ; paquebots ; chemins de fer ; bureaux ambulants ; lignes télégraphiques, par Roger Barbaud, inspecteur des postes et des télégraphes, payeur de la 23e division d'infanterie. — 2 vol. de 128 pages.

COURS DE TOPOGRAPHIE, à l'usage des officiers et sous-officiers ; ouvrage rédigé conformément aux programmes officiels du 30 septembre 1874, par A. Laplaiche, professeur de la Société de Topographie de France, membre de la Société française de Physique, etc. — 2 vol. (5e édition).

Le 1er de 120 pages, orné de 140 figures ;
Le 2e de 128 pages, orné de 66 figures.

MÉTHODE D'ENSEIGNEMENT POUR L'INSTRUCTION DU SOLDAT ET DE LA COMPAGNIE, conforme aux prescriptions des règlements des 23, 26 octobre, 28 décembre 1883 et 29 juillet 1884. — Vol. de 128 pages avec plans et croquis, par J. Bailly, capitaine au 90e de ligne.

LES OUTILS DU PIONNIER D'INFANTERIE, d'après l'instruction ministérielle du 8 août 1880, complétée et rectifiée à l'aide des documents officiels les plus récents sur le port, le chargement, l'entretien et l'emploi des outils. — 25 figures intercalées dans le texte. — Vol. de 84 pages.

LES CARTOUCHES ET LE CAISSON D'INFANTERIE, suivi d'une instruction pour le ravitaillement des munitions sur le champ de bataille, avec figures dans le texte. — Vol. de 100 pages.

LES TRAVAUX DE CAMPAGNE, guide théorique et pratique du pionnier d'infanterie, d'après les cours professés à l'Ecole des travaux de campagne et les ouvrages les plus autorisés publiés à l'étranger. — Vol. de 140 pages, orné de 63 gravures (2e édition).

NOTIONS SUR LA VIANDE FRAICHE DESTINÉE A LA TROUPE :

Tome I. — *Généralités sur l'alimentation ; achat de la viande sur pied ; connaissances professionnelles.* — Vol. de 92 pages, orné de nombreuses gravures.

Tome II. — *Marchés ; abattoirs ; boucheries ; distri-*

butions, espèces de viande ; transport et entretien du bétail. — Vol. de 96 pages, orné de nombreuses grav.

 Tome III. — *Ordinaire ; réglementation ; achat de la viande fraîche ; cahier des charges.*

CODE-MANUEL DES RÉQUISITIONS MILITAIRES, textes officiels annotés et mis à jour par de L..., licencié en droit, et l'intendant militaire A. T... — 3 vol. :

 Tome Ier. — *Exposé des principes.* — *Textes de la loi du 3 juillet 1877 et du règlement du 2 août 1877,* avec notes et commentaires. — Vol. de 112 pages.

 Tome II. — *Recensement et réquisition des chevaux et voitures.* — Vol. de 96 pages.

 Tome III. — *Guide pratique des diverses autorités et commissions pour l'application de la loi du 3 juillet 1877.* — Formules et modèles. — Vol. de 96 pages.

CONDITIONS CIVILE ET POLITIQUE DES MILITAIRES (Recueil complet des lois, décrets, ordonnances. instructions, décisions et dispositions diverses actuellement en vigueur et relatives aux). — 2 vol. de 128 pages.

RECUEIL COMPLEL avec notes et commentaires des LOIS, DÉCRETS, CIRCULAIRES, DÉCISIONS ET INSTRUCTIONS MINISTÉRIELLES EN VIGUEUR, établissant les droits des SOUS-OFFICIERS en matière de rengagement et mariage, retraite et admission aux emplois civils (4e édition). — 2 vol. : le 1er de 112 pages ; le 2e de 144 pages.

CONSEILS AUX JEUNES SOUS-LIEUTENANTS A LEUR SORTIE DE L'ECOLE. — Vol. de 64 pages.

DROITS ET DEVOIRS DU SOLDAT, d'après les lois, décrets et règlements les plus récents, par A. de la Villatte, lieutenant-colonel du 5e régiment d'infanterie, O ✠. Ouvrage adopté par le ministère de l'instruction publique pour les bibliothèques scolaires et populaires. — Vol. de 96 pages.

DÉCRET DU 24 AVRIL 1884 SUR LA COMPTABILITÉ DES CORPS DE TROUPE EN CAMPAGNE. — Vol. de 88 p., avec modèles.

MANUEL PRATIQUE DE COMPTABILITÉ, à l'usage des sous-officiers comptables de compagnie. — Vol. in-32 de 80 pages.

CHANTS MILITAIRES, CHANSONS DE ROUTE ET REFRAINS DU BIVOUAC, par le capitaine du Fresnel, du 62e de ligne. — Vol. de 56 pages.

SONNERIES ET MARCHES du règlement du 29 juillet 1884 sur l'exercice et les manœuvres de l'infanterie, avec paroles du capitaine du Fresnel. — Vol. de 96 pages.

LA CAVALERIE DE SECONDE LIGNE EN FRANCE ET A L'ÉTRANGER, par Romuald Brunet. — Vol. de 96 pages.

PASSAGE DES COURS D'EAU A LA NAGE PAR LA CAVALERIE. — Vol. de 64 pages, avec carte et figures.

HISTORIQUE DU 2e RÉGIMENT D'INFANTERIE. — Amérique, 1779-1783. — Fleurus, 1794. — Neuvied, 1797. — Zurich, 1799. — Gênes, 1800. — Friedland, 1807. — Essling, Wagram, 1809. — Polotsk, 1812. — Fleurus, 1815. — Espagne, 1829. — Algérie, 1842, 1848. — Italie, 1859. — Vol. de 128 pages.

HISTORIQUE DU 25e DE LIGNE. — Vol. de 128 pages.

HISTORIQUE DU 30e DE LIGNE. — Vol. de 128 pages.

HISTORIQUE DU 31e DE LIGNE. — Vol. de 64 pages.

HISTORIQUE DU 35e DE LIGNE. — Vol. de 112 pages.

HISTORIQUE DU 56e DE LIGNE, rédigé par le capitaine adjudant-major Telmat (2e édition). — Vol. de 120 pages.

HISTORIQUE DU 62e DE LIGNE. — Vol. de 96 pages.

HISTORIQUE DU 64e DE LIGNE. — Vol. de 64 pages.

HISTORIQUE DU 65e DE LIGNE. — Vol. de 128 pages.

HISTORIQUE DU 69e DE LIGNE. — Vol. de 128 pages.

HISTORIQUE DU 71e DE LIGNE. — Vol. de 72 pages.

HISTORIQUE DU 72e DE LIGNE. — Vol. de 128 pages.

HISTORIQUE DU 85e DE LIGNE. — Volume de 64 pages.

HISTORIQUE DU 86e DE LIGNE. — Vol. de 96 pages.

HISTORIQUE DU 92e DE LIGNE. — Vol. de 96 pages.

HISTORIQUE DU 94e DE LIGNE. — Vol. de 128 pages.

HISTORIQUE DU 138e DE LIGNE. — Vol. de 64 pages.

HISTORIQUE DU 3e ZOUAVES. — Vol. de 120 pages.

HISTORIQUE DU 7e BATAILLON DE CHASSEURS A PIED. — 2 vol.

HISTORIQUE DU 10e BATAILLON DE CHASSEURS A PIED. — Vol. de 80 pages.

HISTORIQUE DU 3e RÉGIMENT DU GÉNIE, publié avec l'autorisation du Ministre de la guerre (2e édition). — 3 volumes.

HISTORIQUE DU 1er RÉGIMENT DE SPAHIS. — Vol. de 96 pages.

M. Henri Charles-Lavauzelle se met à la disposition de tous les chefs de corps pour publier l'historique de leur régiment dans la série de la *Petite Bibliothèque de l'Armée française.*

LA COLLECTION COMPRENDRA 300 VOLUMES

MODE DE SOUSCRIPTION. — Chaque volume de la *Petite Bibliothèque de l'Armée française* ne coûtant, *broché*, que 0 fr. 30 (0,35 *franco* par la poste), ou 0 fr. 60 *relié* toile, il importe au plus haut point d'éviter des frais supplémentaires de correspondance. On peut y souscrire en adressant à l'Editeur une demande d'un certain nombre de volumes à expédier au fur et à mesure qu'ils paraîtront, accompagnée d'un mandat postal représentant leur prix à raison de 0,35 centimes l'un, si on les désire *brochés*, de 0 fr. 60 pour les avoir richement reliés en toile.

MM. les Officiers désireux de venir en aide à notre Comité d'études et de rédaction sont priés de nous faire connaître le sujet qu'ils sont décidés à traiter, aussitôt que leur choix sera définitivement arrêté.

Les manuscrits, écrits lisiblement et au RECTO SEULEMENT, *devront être adressés à l'Editeur comme papiers d'affaires recommandés.*

Administration, Recrutement, Comptabilité.

MANUEL DU SERVICE DES HÔPITAUX, à l'usage des officiers d'administration et des candidats à ce grade, par S. Poulard, professeur à l'Ecole d'administration de Vincennes, licencié en droit. — Vol. in-8º de 306 pages.   6 »

BARÈME POUR L'APPLICATION DU DÉCRET DU 19 JUIN 1888 SUR LE SERVICE DES FRAIS DE ROUTE. — Volume in-4º de 134 pages..   5 »

TABLEAU SYNOPTIQUE, imprimé en trois couleurs, portant décompte de l'indemnité kilométrique de 1 à 1,200 kilomètres, pour MM. les officiers, les adjudants et les hommes de troupe..................................   1 »

DÉCRET DU 12 JUIN 1867 portant règlement sur le service des frais de route des militaires isolés mis à jour jusqu'au 1er juillet 1888. — Vol. in-8º de 188 pages........   » 90

DÉCRET DU 10 NOVEMBRE 1887 modifiant les règlements en vigueur sur l'ADMINISTRATION et la COMPTABILITÉ des corps de troupe. — Vol. in-8º de 154 pages, *franco*.   » 90

VADE-MECUM ADMINISTRATIF de MM. les capitaines commandants et des sous-officiers comptables, par un officier d'administration. — Vol. in-8º de 244 pages......   2 »

NOTIONS DE DROIT INTERNATIONAL destinées à MM. les officiers de l'armée active, de la réserve et de l'armée territoriale, et suivies d'un memento à l'usage des sous-offi ciers, caporaux et soldats. — Br. in-32 de 128 p. =..   1 25

LA MOBILISATION, mesures préparatoires en temps de paix, recrutement et réquisitions militaires. Devoirs des municipalités en temps de guerre d'après les lois et règlements en vigueur, par Edm. Pascal. — Vol. grand in-8º de 400 pages, avec formules et tableaux.......... 10 »

AIDE-MÉMOIRE DES FONCTIONNAIRES DE L'INTENDANCE EN CAMPAGNE. — Vol. in-8º de 396 pages, relié toile anglaise =... 6 »

INSTRUCTION DU 31 MARS 1887, pour l'exécution du service des LITS MILITAIRES, à partir du 1er avril 1887. — Br. in-8º de 20 pages, *franco*......................... » 20

RÈGLEMENT DU 8 JUIN 1883, sur le service de la SOLDE et sur les REVUES; édition de 1888 mise à jour jusqu'au nº 46 du *Bulletin officiel du Ministère de la guerre*. — Volume in-8º de 216 pages........................... 1 »

DÉCRET DU 6 FÉVRIER 1888, portant règlement sur la concession des congés et permis. — Br. in-8º, *franco*.. » 20

RÈGLEMENT SUR LE SERVICE DE L'ARMEMENT, approuvé le 30 août 1884. — Br. de 204 pages =.............. 2 50

TARIF PROVISOIRE DES PRIX DES RÉPARATIONS, approuvé le 6 septembre 1887 (armes modèle 1874 et modèle 1866-74, fusil modèle 1884, fusil modèle 1885 et modèle 1874-1885, fusil modèle 1886, revolver modèle 1873, armes blanches. — Br. de 112 pages, *franco*.................... » 70

RÈGLEMENT SUR LE SERVICE ET L'ENTRETIEN DU HARNACHEMENT DE L'ARTILLERIE ET DES ÉQUIPAGES MILITAIRES, dans les corps de troupe et dans les établissements (11 juin 1883).. » 40

INSTRUCTION DU 27 NOVEMBRE 1887 sur la création, le but et le fonctionnement de la masse des écoles. — Br. in-8º de 24 pages, net et *franco*.......................... » 30

INSTRUCTION MINISTÉRIELLE DU 2 DÉCEMBRE 1886, réglant le fonctionnement de la MASSE DE PETIT ÉQUIPEMENT. — Br. in-8º de 16 pages, *franco*...................... » 25

RECUEIL DES DOCUMENTS OFFICIELS visés par l'instruction du 2 décembre 1886, réglant le fonctionnement de la MASSE DE PETIT ÉQUIPEMENT. — Br. in-8º........ » 25

ORDONNANCE DU 10 MAI 1844, portant règlement sur l'ADMINISTRATION ET LA COMPTABILITÉ des corps de troupe, modifiée par les décrets des 7 août 1875 et 1er mars 1880, extrait établi suivant décision du 29 juin 1883 du Ministre de la guerre. — Vol. in-32, cartonné, de 198 pages ✕ .... » 80

EXTRAITS DES RÈGLEMENTS ET INSTRUCTIONS SUR L'ADMINISTRATION, LES APPELS ET LA MOBILISATION DES RÉSERVISTES ET DISPONIBLES, à l'usage des troupes d'infanterie. — Vol. in-8º de 240 pages...................... 2 50

DÉCISION MINISTÉRIELLE DU 24 OCTOBRE 1887, portant adoption et description de la TENUE DE VILLE DES SOUS-OFFICIERS RENGAGÉS ET COMMISSIONNÉS. — Br. in-8º de 64 pages... franco » 60

RÈGLEMENT ET INSTRUCTION DU 16 NOVEMBRE 1887 SUR LE SERVICE DE L'HABILLEMENT DANS LES CORPS DE TROUPE ; modèles, tableaux et tarifs. — Br. in-8º de 168 pages
franco » 70

NOMENCLATURE DU MATÉRIEL DE L'HABILLEMENT ET DU CAMPEMENT, DU 27 AVRIL 1888. — Vol. in-8º de 284 p g. 1 »
franco 1 30

TARIFS DU 7 JUILLET 1881 indiquant les prix à allouer en temps de paix et en temps de guerre pour les réparations à effectuer aux effets d'habillement, de coiffure et de petit équipement. — Brochure in-8º de 52 pages = 1 »

INSTRUCTION MINISTÉRIELLE DU 22 NOVEMBRE 1887, relative à la formation et au renouvellement dans les magasins administratifs des approvisionnements de toute nature du service de l'HABILLEMENT et du CAMPEMENT. — Br. in-8º de 76 pages..................................... franco » 40

INSTRUCTION DU 15 JANVIER 1888 sur la manière de manutentionner et d'entretenir LES EFFETS dans les magasins administratifs. — Br. in-8º................. franco » 15

INSTRUCTION DU 16 MARS 1887 SUR L'HABILLEMENT DES ÉCOLES DES SOUS-OFFICIERS ET ÉLÈVES OFFICIERS (note relative à l'habillement des élèves stagiaires de l'Ecole d'administration). — Br. in-8º de 16 pages....... franco » 25

CAHIER DES CHARGES DU 7 SEPTEMBRE 1888 pour la fourniture des fourrages à la ration. — Brochure in-8º de 64 pages, franco.. » 60

VADE-MECUM DE L'OFFICIER D'APPROVISIONNEMENT. — Nou-

2

velle édit., revue, corrigée et augm., avec appendice,

Contenant, avec l'instruction du 17 mars 1882, les modèles et les notices qui y font suite : 1° La circulaire du 14 mars 1883 sur le groupement et l'administration des isolés ; — 2° La circulaire du 13 août 1879 portant création d'un nouveau tarif d'indemnité journalière ; — 3° Des renseignements utiles sur les premiers soins à donner aux chevaux, en l'absence du vétérinaire ; — 4° Plusieurs tarifs suivis d'instructions pratiques sur leur application ; — 5° Une notice spéciale sur l'organisation et le fonctionnement des services administratifs pendant les grandes manœuvres ; — 6° Une notice sur le service d'alimentation en campagne ; — 7° Des renseignements sur la qualité des denrées alimentaires et les moyens de reconnaître si elles sont de bonne qualité ; — 8° Un résumé, aussi complet que possible, des principes mathématiques pour le mesurage, le pesage et le jaugeage des denrées de toute nature.

Vol. de 340 pages, richement relié en toile anglaise gaufrée =.. 5 »

INSTRUCTION DU 30 AOUT 1885, sur le fonctionnement du service de l'ALIMENTATION EN TEMPS DE GUERRE. — Br. in-32 de 78 pages =.................................... » 50

CODE-MANUEL DES RÉQUISITIONS MILITAIRES. Textes officiels annotés et mis à jour par de L..., licencié en droit, et l'intendant militaire A. T... — 3 vol. :

Tome 1er. — *Exposé des principes; texte de la loi du 3 juillet 1877 et du règlement du 2 août 1877,* avec notes et commentaires. — Br. in-32 de 112 pages......... » 35

Richement relié toile............................... » 60

Tome II. — *Recensement et réquisition des chevaux et voitures.* — Br. in-32 de 96 pages............... » 35

Richement relié toile............................... » 60

Tome III. — *Guide pratique des diverses autorités et commissions pour l'application de la loi du 3 juillet 1877.* Formules et modèles. — Br. in-32 de 96 pages... » 35

Richement relié toile............................... » 60

INSTRUCTION DU 21 JUILLET 1886 pour le règlement des dommages causés aux propriétés privées par les manœuvres ou exercices exécutés par les corps de troupe. — Vol. in-32.. » 35

DÉCRET DU 24 AVRIL 1884 SUR LA COMPTABILITÉ DES CORPS DE TROUPE EN CAMPAGNE, avec rapport au Ministre, instruction et modèles. — Broché...................... » 35

Relié toile gaufrée.................................. » 60

MANUEL PRATIQUE DE COMPTABILITÉ, à l'usage des sous-offi-
   ciers comptables de compagnie.— Vol. in-32 de 80 p   » 35
   Richement relié toile.............................   » 60
RÈGLEMENT DU 23 OCTOBRE 1887 SUR LA GESTION DES ORDI-
   NAIRES. — Br. in-8º............................   » 50
RÈGLEMENT PROVISOIRE DU 20 JUIN 1888 SUR L'ENTRETIEN DU
   CASERNEMENT PAR LES CORPS OCCUPANTS. — Br. in-8º,
   franco..   » 15
RÈGLEMENT DU 27 NOVEMBRE 1887 ET INSTRUCTION DU 27
   MAI 1888 SUR LE SERVICE DU CHAUFFAGE DANS LES CORPS
   DE TROUPE. — Br. in-8º de 96 pages.......franco » 50
DÉCRET DU 27 NOVEMBRE 1887, portant règlement sur le
   service du CHAUFFAGE dans les corps de troupe...... » 20
MANUEL SUR LES PENSIONS DE RETRAITE des officiers, sous-
   officiers, brigadiers, caporaux, soldats ou gendarmes,
   et sur les pensions des veuves et secours aux orphelins,
   avec tarifs. — Br. in-8º de 58 pages, avec nombreux ta-
   bleaux (4e édition) =.............................. 1   »
CLASSIFICATION DES BLESSURES ET INFIRMITÉS OUVRANT DES
   DROITS A LA PENSION DE RETRAITE (23 juillet 1887). —
   Br. in-8º de 20 pages, franco.....................   » 35
INSTRUCTION DU 9 JUIN, POUR L'EXÉCUTION DE LA LOI DU 22
   JANVIER 1851, portant création de la statistique médicale
   de l'armée. — Br. de 96 pages ....franco » 70
TRAITÉ DES PENSIONS CIVILES ET MILITAIRES, par M. Adrien
   Bavelier, ancien avocat à la cour de cassation.
      Tome I. — Pensions civiles.
      Tome II. — Pens. milit. des armées de terre et de mer.
      Les 2 vol. in-8º.............................. 12   »
LOI SUR L'ADMINISTRATION DE L'ARMÉE, promulguée le
   16 mars 1882. — Br. in-32 ✕......................   » 15
ARMÉE FRANÇAISE. — QUESTIONS ADMINISTRATIVES, par
   M. Truchot, officier d'administration en retraite. —
   Vol. in-8º....................................... 3   »
FRANCE ET ADMINISTRATION MILITAIRE, par le même. —
   Vol. in-8º....................................... 3   »
LOIS, DÉCRETS, CIRCULAIRES réglementant la fabrication,
   l'emploi et le transport de la dynamite et du coton-
   poudre ; textes officiels annotés et coordonnés à l'usage
   de la gendarmerie nationale, par le commandant Dumas-
   Guilin. — Vol. in-8º de 84 pages................ 1   »

Théories, Règlements, Publications officielles

TOUTES ARMES

DÉCRET DU 23 OCTOBRE 1883 portant règlement sur le SERVICE DANS LES PLACES DE GUERRE ET LES VILLES DE GARNISON, (15e édition). — Vol. in-32 cartonné de 280 pages (à jour jusqu'au mois d'août 1888)......... × 1 »

RÈGLEMENT PROVISOIRE DU 1er DÉCEMBRE 1887 sur les travaux de constructions militaires. — Vol. in-8º de 140 pag. Prix *franco*......... 1 40

CAHIER DES CLAUSES ET CONDITIONS GÉNÉRALES imposées aux entrepreneurs des travaux militaires. Vol. in-8º de 42 pages, *franco*......... » 40

ORGANISATION DU COMMANDEMENT DES PLACES FORTES. — Br. in-8º de 24 pages *franco*......... » 30

DÉCRET DU 26 OCTOBRE 1883 portant règlement sur le SERVICE DES ARMÉES EN CAMPAGNE (15º édition). — Vol. in-32 cart. de 288 p. (à jour jusqu'au mois d'août 1888) × 1 »

RÈGLEMENT DU 10 MARS 1888, relatif à l'instruction à donner en temps de paix au personnel de la télégrap. militaire. Br. in-8º de 32 pages, net et *franco*......... » 25

INSTRUCTION relative à la confection et au mode d'emploi des CARTOUCHES DU TIR RÉDUIT ×......... » 40

EXTRAIT DE L'INSTRUCTION MINISTÉRIELLE DU 27 JANVIER 1882 SUR LE TIR RÉDUIT. — Br. in-32 ×......... » 15

RÈGLEMENT DU 26 NOVEMBRE 1884, concernant les soins et précautions à prendre pour la conservation des POUDRES et MUNITIONS DE GUERRE dans les magasins. — Br. in-32 de 48 pages ×......... » 50

EXTRAIT DE L'INSTRUCTION MINISTÉRIELLE DU 30 AOUT 1884, sur l'entretien des ARMES et des MUNITIONS. (Carabine de cavalerie avec baïonnette et carabine de gendarmerie avec sabre-baïonnette, revolver et armes blanches, munitions.) — Br. in-32 de 64 pages ×......... » 30

INSTRUCTION MINISTÉRIELLE DU 15 JANVIER 1874 sur la nomenclature, le démontage, le remontage et l'entretien du REVOLVER MODÈLE 1873. — Br. in-32 ×......... » 30

MANUEL DU SOLDAT EN CAMPAGNE. — Br. in-32......... » 50

DISPOSITIONS RELATIVES A L'EXÉCUTION DES MANŒUVRES

D'AUTOMNE EN 1888, *franco*...................... » 30
DISPOSITIONS RELATIVES AUX CANTONNEMENTS ET AUX MARCHES DANS LES ALPES, pendant l'année 1888. — Br. in-8º de 28 pages, *franco*...................... » 35
INSTRUCTION DU 28 AVRIL 1888 SUR L'ORGANISATION ET LE FONCTIONNEMENT DES STATIONS HALTE-REPAS ET SUR L'ALIMENTATION PENDANT LES TRANSPORTS STRATÉGIQUES. — Br. in-8º de 68 pages, *net et franco*........... » 40
DÉCISION MINISTÉRIELLE DU 29 FÉVRIER 1888 modifiant les annexes au règlement sur le service des étapes et au règlement sur le service de santé en campagne. — Br. in-8º de 16 pages et 4 planches...................... » 30
RÈGLEMENT GÉNÉRAL POUR LES TRANSPORTS MILITAIRES PAR CHEMINS DE FER (2e partie). — Vol. in-8º de 490 pages, *franco*...................... 3 50
LES TRANSPORTS PARTICULIERS DE LA GUERRE (extrait de l'instruction ministérielle du 25 mars 1886), contenant tout ce qui intéresse MM. les officiers et assimilés, les sous-officiers mariés, les chefs ouvriers et les gendarmes. — Br. in-32 ×...................... » 30
INSTRUCTION SPÉCIALE POUR LE TRANSPORT DES TROUPES PAR LES VOIES FERRÉES. — Extrait du règlement général pour les transports militaires (décret du 1er juillet 1874).
    Infanterie ×...................... 1 »
    Cavalerie ×...................... 1 »
    Artillerie (édition de 1888) ×...................... 1 »
INSTRUCTION POUR L'EMBARQUEMENT ET LE DÉBARQUEMENT DES TRAINS MILITAIRES. — Vol. in-32, avec 2 planches ×...................... » 30
ANNEXE A L'INSTRUCTION SPÉCIALE POUR LE TRANSPORT DES TROUPES D'ARTILLERIE ET DU TRAIN DES ÉQUIPAGES PAR LES VOIES FERRÉES, approuvée le 23 mars 1887. — Br. in-32 de 20 pages ×...................... » 30
CODE DES SIGNAUX SUR LES CHEMINS DE FER FRANÇAIS, adopté par arrêté ministériel du 15 novembre 1885, avec figures. — Br. in-32 ×...................... » 50
RECUEIL COMPLET, avec notes et commentaires, des LOIS, DÉCRETS, CIRCULAIRES, DÉCISIONS et INSTRUCTIONS MINISTÉRIELLES EN VIGUEUR, établissant les droits des sous-officiers en matière de rengagement et mariage, retraite et admission aux emplois civils. — 2 vol.

in-32, brochés.. » 70
  Richement reliés toile............................... 1 20
DROITS ET DEVOIRS DU SOLDAT DE L'ARMÉE ACTIVE, DE LA
 RÉSERVE ET DE L'ARMÉE TERRITORIALE, d'après les lois,
 décrets et règlements les plus récents, par A. de la Vil-
 latte, lieutenant-colonel du 5° régiment d'infanterie,
 officier d'académie. Ouvrage adopté par le ministère de
 l'instruction publique pour les bibliothèques scolaires
 et populaires (édition entièrement refondue). — Vol.
 in-32 de 96 pages, broché.............................. » 35
  Richement relié toile.................................. » 60
OBLIGATIONS imposées par la loi aux RÉSERVISTES ET TER-
 RITORIAUX. — Br. in-32 ×............................. » 25
INSTRUCTION MINISTÉRIELLE DU 22 MARS 1886, pour les
 CONVOCATIONS ANNUELLES de l'armée territoriale. — Vol.
 in-32 de 96 pages ×..................................... » 60
LOI DU 19 MAI 1834, SUR L'ÉTAT DES OFFICIERS. — Br.
 in-32 de 16 pages ×..................................... » 20
TABLEAU D'AVANCEMENT DES OFFICIERS DE TOUS GRADES ET
 ASSIMILÉS pour l'année 1888. — Br. in-8° de 64 pag. » 40
AIDE-MÉMOIRE DE L'OFFICIER D'ÉTAT-MAJOR EN CAMPAGNE,
 dernière édition mise à jour. — Beau vol. de 360 pages,
 avec nombreux tableaux et croquis =............ 5 »
DÉCRET DU 21 DÉCEMBRE 1886, portant réorganisation du
 service dans les ÉTATS-MAJORS. — Br. in-f° tellière de
 36 pages, avec marge pour annotations, *franco*... 1 »
  Le même décret sur format in-8°, *franco*...... » 50
DÉCRET DU 27 DÉCEMBRE 1886, portant création d'un corps
 spécial d'INTERPRÈTES DE RÉSERVE. — Br. in-8° de 12
 pages, *franco*.. » 25
PROGRAMME DU 7 MARS 1883 sur les connaissances exi-
 gées des LIEUTENANTS ET SOUS-LIEUTENANTS proposés
 spécialement pour les fonctions de TRÉSORIER et d'OFFI-
 CIER D'HABILLEMENT = ... » 25
PROGRAMME DU 15 MARS 1883 sur les connaissances exi-
 gées des SOUS-LIEUTENANTS, LIEUTENANTS ET CAPITAINES
 proposés pour l'AVANCEMENT (16 pages) =........ » 25
PROGRAMME DU 7 MARS 1883 sur les connaissances exi-
 gées des CAPITAINES proposés pour l'AVANCEMENT et pré-
 sentés spécialement pour les fonctions de MAJOR. = » 25

INSTRUCTION DU 11 juin 1888, sur l'inspection générale des établissements du service des poudres et salpêtres, *franco* » 20

INSTRUCTION SPÉCIALE DU 31 MAI 1888, pour l'inspection des corps de cavalerie..................... *franco* » 55

INSTRUCTION DU 28 MARS 1888 sur les inspections générales. — Dispositions communes à toutes les armes, *franco* » 30

INSTRUCTION SPÉCIALE DU 8 MAI 1888 pour l'inspection générale des corps d'infanterie .... *franco* » 35

INSTRUCTION DU 14 MAI 1888 pour les inspections générales des bureaux de recrutement et des sections de secrétaires d'état-major et du recrutement..... *franco* » 20

INSTRUCTION SPÉCIALE DU 14 MAI 1888 pour l'inspection générale du service de la Justice militaire.. *franco* » 25

NOTE MINISTÉRIELLE DU 15 MAI 1888, indiquant les instructions qui doivent être suivies en 1888 pour les inspections générales de gendarmerie.......... *franco* » 15

INSTRUCTION SPÉCIALE pour les inspections générales du génie............................... *franco* » 50

LIVRETS POUR TOUTES ARMES

LIVRET MATRICULE D'OFFICIER, modèle nº 1 ✕........ » 15

LIVRET MATRICULE DE L'HOMME DE TROUPE, modèle nº 2 ✕............................. » 15

LIVRET MATRICULE DES CHEVAUX D'OFFICIERS, DE TROUPE ET MULETS DE BAT, modèle nº 3 ✕.............. » 15

LIVRET D'INFIRMERIE POUR CHEVAUX D'OFFICIERS, DE TROUPE ET MULETS DE BAT, modèle nº 4 ✕....... » 20

LIVRET INDIVIDUEL DE L'HOMME DE TROUPE, modèle nº 5 (nouveau) ✕.............................. » 30

LIVRET DE LA MASSE DE PRISON DES DÉTENUS ✕...... » 30

(Pour les Livrets d'infanterie, cavalerie et artillerie, voir aux chapitres spéciaux.)

Infanterie de ligne, de la marine et génie.

AIDE-MÉMOIRE DE L'OFFICIER D'INFANTERIE EN CAMPAGNE. — Vol. de 294 pages, avec 5 planches, relié toile (2ᵉ édition)............................... 5 »

MÉMENTO PRATIQUE DU SERVICE DE L'OFFICIER D'INFANTERIE EN CAMPAGNE, par un Officier d'infanterie. — Vol. in-18 de 104 pages, relié toile............................ 2 50

AIDE-MÉMOIRE DE L'OFFICIER DU GÉNIE EN CAMPAGNE (édition de 1886). — Vol. in-8º de 368 pages, relié toile (2e édition) =............................. 5 »

RÈGLEMENT SUR LES EXERCICES ET LES MANŒUVRES DE L'INFANTERIE, mis en essai par décision ministérielle du 3 mai 1888.

 Titre I. Bases de l'instruction. — Titre II. Ecole du soldat. — Vol. in-32 de 226 pages, couverture par-cheminée ✕.................. » 75 *franco* 0 90

 Titre III. Ecole de compagnie. — Vol. in-32 de 218 pages, couverture parcheminée ✕..... 0 75 *franco* » 90

 Titre IV. Ecole de bataillon. — Vol. in-32 de 186 pages, couverture parcheminée ✕..... » 75 *franco* » 90

 Titre V. Ecole de régiment. — Vol. in-32 de 104 pages..................... ✕ 0 60 *franco* 0 75

RÈGLEMENT DU 29 JUILLET 1884 SUR L'EXERCICE ET LES MANŒUVRES DE L'INFANTERIE.

 Titre I : *Bases de l'instruction.* — Titre II : *Ecole du soldat,* avec planches. — Vol. in-32, cartonné, de 192 pages (6e édition) ✕........................ » 75

 Titre III : *Ecole de compagnie.* — Vol. in-32, car-tonné, de 132 pages (6e édition) ✕.............. » 60

 Titre IV : *Ecole de bataillon.* — Vol. in-32, cartonné, de 108 pages (4º édition) ✕.................. » 60

 Titre V : *Ecole de régiment.* Application aux unités plus fortes. Instruction pour les revues et les défilés. — Vol. in-32 de 80 pages, avec 14 planches ✕........ » 75

 Batteries et sonneries. — Vol in-32, cartonné, de 76 pages ✕............................. » 60

Instruction pour le combat modifiant le règlement
du 29 juillet 1884.

Fascicule nos 1 et 2 : *Exp es principes* ✕.... » 15
 — nº 3 : Titre *Eco e e compagnie* ✕ » 15
 — nº 4 : Titr *Ecole de bataillon* ✕. » 25
 — nº 5 : Ti V, *Ecole de régiment* ✕.. » 15

TRAIT DU DÉCRET DU 28 DÉCEMBRE 1883, portant règlement sur le SERVICE INTÉRIEUR DES TROUPES D'INFANTERIE, à l'usage des sous-officiers et caporaux. — Vol. in-32, cartonné, de 197 pages ✕................. » 60

XTRAIT, PAR DEMANDES ET PAR RÉPONSES, DU DÉCRET DU 23 OCTOBRE 1883, portant règlement sur le SERVICE DANS LES PLACES DE GUERRE ET LES VILLES DE GARNISON, à l'usage des sous-officiers et caporaux d'infanterie. — Vol. in-32, cartonné, de 104 pages ✕.............. » 40

XTRAIT, PAR DEMANDES ET PAR RÉPONSES, DU DÉCRET DU 26 OCTOBRE 1883, portant règlement sur le SERVICE DES ARMÉES EN CAMPAGNE, et de l'INSTRUCTION DU 9 MAI 1885 SUR CE MÊME SERVICE, à l'usage des sous-officiers et caporaux d'infanterie. — Vol. in-32 de 232 p. ✕.. » 75

ANUEL D'INFANTERIE, A L'USAGE DES ÉLÈVES CAPORAUX ET ASPIRANTS SOUS-OFFICIERS des pelotons d'instruction, conforme au programme annexé à l'instruction du 19 novembre 1884. — 2 vol. solidement reliés en toile anglaise (4ᵉ édition).

Tome I. — Education morale du soldat. — Ecole du soldat, de l'escouade et de la demi-section. — Extrait du Manuel de gymnastique. — Extrait du service intérieur. — Extrait du service des places. — Fort vol. in-32 de 608 pages =................................... 2 »

Tome II. — Ecole des guides. — Manœuvre du canon. — Obligations des réservistes et territoriaux. — Etude de la loi sur le rengagement des sous-officiers. — Travaux de campagne (outillage et fortification passagère). Topographie et lecture des cartes. — Service de l'infanterie en campagne. — Encaissement des armes à feu et des cartouches. — Fort vol in-32 de 640 pages =. 2 »

UESTIONNAIRE COMPLET DES CONNAISSANCES NÉCESSAIRES AUX ÉLÈVES CAPORAUX DES PELOTONS D'INSTRUCTION, à l'usage des officiers, sous-officiers et caporaux instructeurs, des élèves caporaux et des engagés conditionnels, conforme au programme annexé à l'instruction du 19 novembre 1884 et aux dernières décisions ministérielles. — Vol. in-32, cartonné, de 120 pages (4ᵉ édition) =. » 75

UIDE DE L'ÉLÈVE CAPORAL, conforme à la dernière ins-

truction ministérielle du 19 novembre 1884, sur l'or
nisation et le fonctionnement d'un peloton d'instructi
dans les corps de troupe d'infanterie. — Vol. in-18, c
tonné, de 584 pages =........................ 1

LES THÉORIES DANS LES CHAMBRES, par le commanda
Heumann, O ✿.

Premier volume : *Education militaire du soldat*. — Ch
pitre Ier : La guerre. Nécessité des armées permane
tes. — II. Comment l'on devient soldat. Devoirs d
réservistes. Organisation de l'armée. — III. Le Drapea
La Croix de la Légion d'honneur. — IV. L'armée et
patrie. Patriotisme. Honneur. — V. Des ruses
guerre. — VI. Notions d'hygiène. — Appendice.
convention de Genève. Traitement des prisonnier
Quelques renseignements sur les armées étrangère.
Questionnaire. (4e éd.). In-32 de 160 p., relié toile =. »

Deuxième volume : *Instruction militaire* (en confo
mité avec les nouveaux règlements). Chapitre Ier
Service intérieur. — II. Service des places. — II
Service en campagne. — IV. Embarquement en chemi
de fer. — V. Mobilisation. — VI. Renseignement
pour les troupes en campagne. — VII. Droit intern
tional en campagne. — VIII. Outils. Travaux de fort
fications (avec planches). — IX. Tir. — X. Progressio
des théories à faire. — XI. Questionnaire. (3e éd
tion). — Vol. in-32 de 302 pages, relié toile =.. 1 '

INSTRUCTION PRATIQUE DU SOLDAT ET DE LA COMPAGN
D'INFANTERIE, avec progressions et programmes détaillé
par C. Le Grand, capitaine adjudant-major au 71^e
ligne. — Vol. in-32 de 118 pages, cartonné =.... » 7

INSTRUCTION THÉORIQUE DU SOLDAT, ou théories dans le
chambres par demandes et réponses, par le même.
Vol. in-32 de 220 pages, cartonné =............ 1

MÉTHODE D'ENSEIGNEMENT POUR L'INSTRUCTION DU SOLDAT E
DE LA COMPAGNIE, conforme aux prescriptions des règle
ments des 23, 26 octobre, 28 décembre 1883 et 29 juillet 18
par J. Bailly, capitaine au 90e de ligne. — Vol. de 1
pages, avec plans et croquis................ ... » 5
Relié toile................................ » 6

TRAIT DE L'INSTRUCTION MINISTÉRIELLE DU 30 AOUT 1884,
sur l'entretien des ARMES ET DES MUNITIONS. — Fusil
d'infanterie modèle 1874 ou 1866-74 avec épée-baïonnette,
revolver et armes blanches, munitions. — Br. in-32 de
64 pages ═ .... » 30

GLEMENT DU 1er MARS 1888 SUR L'INSTRUCTION DU TIR.
— Vol. in-32 de 132 pages, couverture parche-
minée ☓ .... » 60 *franco* 0 75

TRUCTION SUR L'ARMEMENT, les MUNITIONS, les CHAMPS
DE TIR et le MATÉRIEL D'INFANTERIE. — Vol. in-32 de 16
pages, cartonné ☓ .... ». 60, *franco* » 75

GLEMENT SUR L'INSTRUCTION DU TIR, approuvé le 11
novembre 1882. — Vol. de 466 pages in-32, avec figures
dans le texte et 20 planches hors texte ☓ 2 75

TRAIT DU RÈGLEMENT DU 11 NOVEMBRE 1882 SUR L'INS-
TRUCTION DU TIR, à l'usage des sous-officiers et des
caporaux, approuvé le 21 juillet 1883. — Vol. in-32 de
272 pages avec figures dans le texte et 4 planches hors
texte ☓ .... » 90

DIFICATIONS APPORTÉES AU RÈGLEMENT DU 11 NOVEM-
bre 1882 par suite de la mise en service des fusils
modèles 1884 et 1885. — Vol. de 180 p., *franco* ☓ » 60

R INDIRECT, tables de tir (pentes, hausses, défilement)
accompagnées des renseignements nécessaires pour le
calcul des éléments du tir indirect et, en particulier, du
tir plongeant ☓ .... » 15

S *mêmes*, collées sur toile et découpées en rectan-
gles ☓ .... » 50

S MUNITIONS DE L'INFANTERIE : Russie, Autriche, Angleterre, Italie. (Extrait de la *France militaire*.) — Vol.
in-32 ☓ .... » 25

STRUCTION SUR LE SERVICE DE L'INFANTERIE EN CAMPAGNE,
approuvée le 9 mai 1885. — Vol. in-32 de 212 pages, 14
grav., cart. (à jour jusqu'au mois d'août 1888). ☓ » 75

TIONS ÉLÉMENTAIRES DE FORTIFICATION PASSAGÈRE, à
l'usage des volontaires d'un an (service de l'infanterie) ☓ .... » 25

STRUCTION DU 3 JANVIER 1883, relative aux attributions

POUR L'INFANTERIE, du 26 février 1877. — Vol. in-32
cartonné ✕ .... » 25
STRUCTION DU 31 JANVIER 1884 POUR LES EXERCICES DE
CADRES DE LA BRIGADE D'INFANTERIE. — Br. in-32, 16
pages ✕ .... » 25
ÉCISION MINISTÉRIELLE modifiant la TENUE DES OFFICIERS
ET ADJUDANTS D'INFANTERIE. — Vol. in-32 de 16 pages » 25
ODIFICATIONS A LA DÉCISION MINISTÉRIELLE DU 20 AOUT 1886,
sur le KÉPI DE 1re TENUE de l'infanterie et des sections
diverses. — Br. in-8o de 16 pages................. » 25
ÈGLEMENT DU 23 FÉVRIER 1883, sur le fonctionnement de
la MASSE D'ENTRETIEN DU HARNACHEMENT ET FERRAGE
dans les corps de troupe d'infanterie. — Br. de 8
pages ✕ .... » 20
XTRAITS DES RÈGLEMENTS ET INSTRUCTIONS SUR L'ADMINIS-
TRATION, LES APPELS ET LA MOBILISATION DES RÉSER-
VISTES ET DISPONIBLES, à l'usage des troupes d'infanterie.
— Vol. in-8o de 240 pages........................... 2 50
e même volume pour les demandes collectives...... 2 »
A TACTIQUE DE LA COMPAGNIE ET DU BATAILLON A L'É-
TRANGER ET EN FRANCE d'après les règlements de manœu-
vres. — Vol. in-8o de 118 pages................... 2 »
A TACTIQUE DE L'INFANTERIE FRANÇAISE EN 1887. (Extrait
de la Revue d'Infanterie). — Br. in-8o de 32 pages. » 60
ÈGLEMENT DU 1er SEPTEMBRE 1888 SUR LES MANŒUVRES DE
L'INFANTERIE (ALLEMAGNE). — Vol. in-32 de 160 pages,
relié toile anglaise. .... 2 »
ISTRCTION DE LA COMPAGNIE DANS LE SERVICE EN CAMPAGNE,
par le capitaine baron Ernest Wirbach, traduit de l'allemand par le lieutenant D. Jung, attaché au ministère
de la guerre. — Vol. in-8o de 276 pages.......... 4 »
ONSEILS PRATIQUES SUR LE PERFECTIONNEMENT DE L'INFAN-
TERIE DANS LE SERVICE DE CAMPAGNE, pour officiers et
sous-officiers, traduit de l'allemand par le major Waver,
de l'armée belge. — Br. de 54 pages.............. 1 50
UIDE DU SOUS-OFFICIER ET DU CAPORAL D'INFANTERIE sur la
place d'exercice, en terrain varié et sur le champ de
bataille. Manuel rédigé en vue de répondre aux questions ci-après des programmes annexés à la circulaire
du 3 septembre 1882, savoir : 1o Principes de discipline

et d'éducation morale; — 2º Ecole des guides à l'école de compagnie et à l'école de bataillon; — 3º Fonctions des caporaux dans la colonne de route; — 4º Place et fonctions des caporaux et sous-officiers dans les revues et défilés; — 5º Rôle et devoirs des caporaux et sous-officiers dans le combat en ordre dispersé (2º partie de l'école de compagnie). — Vol. in-32 de 128 pages (2e édition) broché... » 35

    Richement relié toile................................. » 60

LES OUTILS DU PIONNIER D'INFANTERIE, d'après l'instruction ministérielle du 8 août 1880, complétée et rectifiée à l'aide des documents officiels les plus récents. — 25 figures intercalées dans le texte. — Vol. in-32 de 84 pages, broché.. » 35

    Richement relié toile................................. » 60

LES CARTOUCHES ET LE CAISSON D'INFANTERIE, avec figures dans le texte. — Volume in-32 de 100 pages, broché. » 35

    Richement relié toile................................. » 60

ÉCOLE DES TAMBOURS, CLAIRONS, MUSICIENS ET SAPEURS. — Br. in-32 de 48 pages ×............................. » 60

SONNERIES ET MARCHES DU RÈGLEMENT DU 29 JUILLET 188 , sur l'exercice et les manœuvres de l'infanterie, avec paroles du capitaine du Fresnel. — Vol. de 96 pages.

    Broché... » 35

    Relié... » 60

Abonnement d'un an à la REVUE D'INFANTERIE, publication périodique, 96 pages in-8º.

    France.. 20 »

    Colonies et étranger.............................. 25 »

LIVRETS

(Riche reliure en toile gaufrée avec barrette *déposée*.) — (Le nombre de feuillets peut être augmenté ou diminué.)

LIVRET DE L'OFFICIER DE PELOTON (28 décembre 1883), contenant 150 feuillets imprimés ×.......................... 3 »

LIVRET D'ADJUDANT, contenant 170 feuillets ×............ 3 »

LIVRET D'ADJUDANT contenant 350 feuillets (peut en contenir 500) ×.. 5 »

LIVRET DU SERGENT DE SECTION, contenant 92 feuill. ✕   2 50
Feuillets mobiles séparés (indiquer l'espèce), le cent. ✕   1 25
Couvertures ✕ . . . .   » 50
Barrettes en cuivre ✕ . . . .   » 50
LIVRET DE CAPORAL D'ESCOUADE, cartonné, contenant 36
    pages ✕ . . . .   » 40
CONTROLE PAR RANG DE TAILLE, intérieur peau d'âne ✕.   » 60

     (Les livrets pour l'infanterie de marine et le génie
                sont aux mêmes prix.

Cavalerie.

DÉCRET DU **31** MAI **1882**, portant règlement sur les EXER-
    CICES DE LA CAVALERIE, revisant et complétant le dé-
    cret du 17 juillet 1876. — 2 vol. in-32, avec figures dans
    le texte :
      Tome premier. — *Rapports. Titres I et II*, 368 pages;
    cartonné ✕ 1 50
      Tome second. — *Titres III et IV*, 290 pages; car-
    tonné ✕ 1 50
INSTRUCTION PRATIQUE SUR LE SERVICE DE LA CAVALERIE
    EN CAMPAGNE, approuvée par le Ministre de la guerre, le
    10 juillet 1884. — Vol. in-32 cartonné, de 296 pages,
    (5e édition modifiée) ✕ . . . .   1 »
MODIFICATION A L'INSTRUCTION DU 10 JUILLET 1884, SUR
    LE SERVICE DE LA CAVALERIE EN CAMPAGNE. — Fasci-
    cule in-32 de 16 pages ✕ . . . .   » 25
INSTRUCTION SUR LES MANŒUVRES DE BRIGADE AVEC CA-
    DRES, POUR LA CAVALERIE, du 24 juin 1877. — Vol.
    in-32 broché ✕ . . . .   » 25
INSTRUCTION SUR LE SERVICE DE LA CAVALERIE ÉCLAIRANT
    UNE ARMÉE, approuvée par le Ministre de la guerre, le
    27 juin 1876. — Vol. in-32 broché ✕ . . . .   » 20
DÉCRET DU **28** DÉCEMBRE **1883**, portant règlement sur le

SERVICE INTÉRIEUR DES TROUPES DE CAVALERIE (6ᵉ édition). — Vol. in-32 cartonné de 400 pages ✕..... 1 5(

RÈGLEMENT SUR L'INSTRUCTION DU TIR DES TROUPES Dᵢ CAVALERIE, approuvé par le Ministre de la guerre, l 17 août 1884. — Vol. in-32 cartonné de 246 pages, ave nombreux dessins (6ᵉ édition) ✕.................. 1

INSTRUCTION SOMMAIRE SUR LA CONDUITE DES VOITURE: EN GUIDES DANS LA CAVALERIE, approuvée par le Minis tre de la guerre, le 26 mars 1887. — Br. in-32 de 4· pages ✕.. » 2

EXTRAIT DE L'INSTRUCTION MINISTÉRIELLE DU 30 AOU' 1884, SUR L'ENTRETIEN DES ARMES ET DES MUNITIONS — Carabine de cavalerie sans baïonnette, revolver e armes blanches, munitions. — Br. in-32 de 6· pages ✕... » 3(

NOMENCLATURE ET DESCRIPTION DÉTAILLÉE DE LA SELLE Dᵢ CAVALERIE (modèle 1874). — Br. in-8º de 24 pages. » 3(

ARRÊTÉ MINISTÉRIEL DU 6 AVRIL 1883, portant instructioᵢ pour l'admission des SOUS-OFFICIERS A L'ECOLE D'AP PLICATION DE CAVALERIE. — Vol. de 16 pages ✕. » 5(

NOTIONS ÉLÉMENTAIRES DE FORTIFICATION PASSAGÈRE, ₐ l'usage des volontaires d'un an (service de la cava lerie) ✕.. » 2(

RÈGLEMENT SUR LE SERVICE DES ÉCOLES DANS LA CAVA LERIE (Instr. du 17 janvier 1883). — Br. de 32 p. ✕. 5(

DÉCISION MINISTÉRIELLE DU 18 DÉCEMBRE 1883, portan description d'une nouvelle TENUE DES OFFICIERS ET AD JUDANTS DE CAVALERIE. — Br. in-32 de 20 p. ✕. » 2!

NOTES SUR L'INSTRUCTION DES RECRUES DANS LA CAVALE RIE. — Vol. in-32 de 182 pages, cartonné.......... 1 2!

LA CAVALERIE ET SES CHEVAUX, par G***. — Br. in-1 jésus.. 1 ›

L'ENTRAINEMENT, Etude sur la cavalerie, par G***. (Extrai de la *France militaire*, 2ᵉ édition) — Br. in-18... » 5(

LE DRESSAGE DES CHEVAUX, par G*** (2ᵉ édition). — Br in-18... » 5(

ETUDE SUR LES CHEVAUX DU LIMOUSIN, DE L'AUVERGNE E' DE LA MARCHE, par le commandant de Saincthorent, an cien député de la Creuse. — Vol. in-8º de 400 pages avec dessins de Melle-Blondeau.................. 4

L'ARMÉE FRANÇAISE EN 1884 ET LE GÉNÉRAL DE GALLIFET, par un officier hollandais. — Br. in-8º........... 1 »

LA CAVALERIE DE SECONDE LIGNE EN FRANCE ET A L'ÉTRANGER, appels et périodes d'instruction, par Romuald Brunet. — Vol. de 96 pages....................... » 35

    Richement relié toile....................... » 60

PASSAGE DES COURS D'EAU A LA NAGE PAR LA CAVALERIE. — Vol. de 64 pages, avec carte et figures........ » 35

    Relié toile....................... » 60

LA CAVALERIE FRANÇAISE EN 1884, par Ubiez. — Riche vol. in-18 de 296 pages, édition de luxe (1886)........ 3 »

LA CAVALERIE DES ANCIENS ET LA CAVALERIE D'AUJOURD'HUI. — Vol in-18 de 116 pages..................... 2 50

A TRAVERS LA CAVALERIE. Organisation, mobilisation, instruction, administration, remontes, tactique. — Vol. grand in-8º, imprimé sur papier japon........... 6 »

ORGANISATION ET ROLE DE LA CAVALERIE FRANÇAISE PENDANT LES GUERRES DE 1800 A 1815. — Vol. in-8º de 104 pages..................... 2 50

LIVRETS

(Riche reliure en toile gaufrée avec barrette *déposée*.

LIVRET DE L'OFFICIER DE PELOTON (28 décembre 1883), contenant 150 feuillets imprimés ✕................. 2 75

LIVRET D'ADJUDANT ✕......................... 2 75

LIVRET DU SOUS-OFFICIER DE PELOTON, contenant 150 feuillets ✕..................... 2 75

Feuillets mobiles séparés (indiquer l'espèce) : le cent ✕. 1 25

(Le nombre des feuillets peut être augmenté ou diminué.)

Couvertures........................ ✕ » 50

Barrettes en cuivre..................... ✕ » 50

Artillerie

EXTRAIT DU RÈGLEMENT SUR LE SERVICE ET L'ENTRETIEN DU HARNACHEMENT DE L'ARTILLERIE ET DES ÉQUIPAGES MILITAIRES dans les corps de troupe et dans les établissements (11 juin 1883). — Vol. de 16 pages........ » 40

INSTRUCTION SUR L'EMPLOI DE L'ARTILLERIE DANS LE COMB
approuvée le 1er mai 1887. — Br. in-32 de 86 p. ✕.　5
MODIFICATIONS AUX BASES GÉNÉRALES DE L'INSTRUCTION D
CORPS DE TROUPES DE L'ARTILLERIE, note approuv
le 26 mai 1888. — Brochure in-32 de 46 pages.... 》
TRAITÉ THÉORIQUE ÉLÉMENTAIRE DE TIR, par le capitai
C. Pilate, du 25e d'artillerie. — Vol. in-32 cartonné
152 pages =... 1
DÉCRET DU 28 DÉCEMBRE 1883, portant règlement sur
SERVICE INTÉRIEUR DES TROUPES DE L'ARTILLERIE ET D
TRAIN DES ÉQUIPAGES MILITAIRES. — Vol. in-32 carton
de 420 pages (à jour jusqu'au mois d'août 1888) ✕ 1 5
MODIFICATIONS AU SERVICE INTÉRIEUR. — Fascicule .d
68 pages, imprimées d'un côté seulement ✕..... 0 2
EXTRAITS DES DÉCRETS DES 23 OCTOBRE ET 28 DÉCEMBR
1883, portant règlement sur le SERVICE DANS LES PLACE
DE GUERRE ET LES VILLES DE GARNISON, et sur le SER
VICE INTÉRIEUR DES TROUPES DE L'ARTILLERIE ET D
TRAIN DES ÉQUIPAGES MILITAIRES, mis à jour jusqu'a
mois d'août 1888. — Vol. in-32 cartonné de 28
pages ✕... 1 》
APPENDICE AUX BASES GÉNÉRALES DE L'INSTRUCTION DES
CORPS DE TROUPE DE L'ARTILLERIE, approuvé par le
Ministre de la guerre le 27 septembre 1883. — Br. in-32
de 32 pages ✕... 》 30
INSTRUCTION PROVISOIRE SUR LE SERVICE DE L'ARTILLERIE
EN CAMPAGNE, approuvée par le Ministre de la guerre le
10 avril 1876. — Br. in-32 ✕......................... 》 30
INSTRUCTION SUR LE SERVICE DE L'ARTILLERIE DANS UN
SIÈGE, approuvée par le Ministre de la guerre le 17 mai
1876. — Br. in-32 de 72 pages ✕.................... 》 50
INSTRUCTION SUR L'EMPLOI DU CANON A BALLES DANS LES
CASEMATES POUR LE FLANQUEMENT DES FOSSÉS, approuvée
le 22 juillet (fascicule de 24 pages in-32) ✕...... 》 30
INSTRUCTION PROVISOIRE SUR LA FORMATION DES POINTEURS
DANS LES CORPS DE TROUPE DE L'ARTILLERIE (2e édi-
tion) ✕... 》 50
INSTRUCTION SUR LE SERVICE DE LA CARABINE MODÈLE 1874,
POUR LES TROUPES D'ARTILLERIE ET DU TRAIN DES ÉQUI-
PAGES MILITAIRES, approuvée le 24 mars 1876. — Vol.
in-32, broché ✕..................................... 》 20

STRUCTION SUR LE SERVICE DU MOUSQUETON MODÈLE 1874, POUR LES TROUPES DE L'ARTILLERIE, approuvée par le Ministre de la guerre le 24 mars 1876. — Vol. in-32 de 32 pages ✕ .... » 20

XTRAIT DE L'INSTRUCTION MINISTÉRIELLE DU 30 AOUT 1884, SUR L'ENTRETIEN DES ARMES ET DES MUNITIONS. — Mousqueton avec sabre-baïonnette, revolver et armes blanches, munitions. — Br. in-32 de 48 pages ✕ ..... » 25

ANUEL A L'USAGE DES OFFICIERS D'ARTILLERIE DE LA RÉSERVE ET DE L'ARMÉE TERRITORIALE. *Construction des batteries.* — Vol. in-32, 95 pages et 4 planches ✕. » 50

IANUEL A L'USAGE DES OFFICIERS D'ARTILLERIE DE LA RÉSERVE ET DE L'ARMÉE TERRITORIALE. *Batteries de 5, de 7 et de 95 millimètres de campagne.* — Vol. in-18 de 168 pages ✕ .... » 75

ÈGLEMENT SUR L'INSTRUCTION A PIED DANS LES CORPS DE TROUPE DE L'ARTILLERIE, approuvé par le Ministre de la guerre le 25 novembre 1885. — Vol. in-32 ✕ ..... » 75

XTRAIT DU RÈGLEMENT SUR L'INSTRUCTION A PIED DANS LES CORPS DE TROUPE DE L'ARTILLERIE, approuvé par le Ministre de la guerre le 25 novembre 1885. — Vol. in-32 ✕ .... » 75

ÈGLEMENT SUR L'INSTRUCTION A CHEVAL DANS LES CORPS DE TROUPE DE L'ARTILLERIE, approuvé le 20 décembre 1884. — Vol. in-32 de 204 pages, figures et tableaux; cartonné (1889) ✕ .... » 75

ÈGLEMENT SUR L'ORGANISATION DES PELOTONS D'INSTRUCTION DANS LES CORPS DE TROUPE DE L'ARTILLERIE- approuvé par le Ministre de la guerre le 17 juillet 1876, — Vol. in-32, broché ✕ .... » 20

DITION AU TITRE III. — *Règlement provisoire sur le service du mortier de 220 millimètres,* approuvé par le Ministre de la guerre le 7 mai 1881. — Br. in-32 ✕ » 50

DDITION AU TITRE III. — *Règlement sur le service des bouches à feu de petit calibre montées sur affûts de siège et de place,* approuvé le 21 juillet 1883. — Vol. cartonné de 96 pages ✕ .... » 50

DDITION AU TITRE III. — *Règlement provisoire sur le service des canons de 120 et de 155 millimètres, montés sur*

RÈGLEMENT PROVISOIRE SUR LE SERVICE DES CANONS DE 80 ET DE 90 MILLIMÈTRES, approuvé le 2 avril 1878. — Vol. de 112 pages in-32 ✕.......................... » 50

RÈGLEMENT PROVISOIRE SUR LE SERVICE DU CANON DE 95 MILLIMÈTRES MONTÉ SUR AFFUT DE CAMPAGNE, approuvé le 20 mai 1878. — Vol. de 112 pages in-32 ✕..... » 60

RÈGLEMENT PROVISOIRE SUR LE SERVICE DES CANONS DE 80, DE 90 ET DE 95 MILLIMÈTRES, 2e partie, approuvé le 18 novembre 1878. — Vol. in-32 de 440 pages ✕.. 3 »

ADDITION AU RÈGLEMENT SUR LE SERVICE DES CANONS DE CAMPAGNE: *Batterie de 90 organisée avec des coffres modèle de 1880, approuvée le 20 juillet 1883*. — Vol. in-32 cartonné de 144 pages ✕...................... » 75

RÈGLEMENT SUR LE SERVICE DE L'ARTILLERIE DE MONTAGNE. — Vol. in-32 de 232 pages ✕.............. 1 50

RÈGLEMENT SUR LE SERVICE DES BATTERIES DE 80 DE MONTAGNE, approuvé le 22 mars 1882. — Nouvelle édition in-32 de 249 pages ✕.......................... » 75

INSTRUCTION DU 14 FÉVRIER 1887 SUR LES FORMATIONS EN BATAILLE ET EN MARCHE DES SECTIONS DE MUNITIONS ET DES SECTIONS DE PARC. — Br. in-32 de 28 pages ✕ » 30

EXTRAIT DU RÈGLEMENT SUR LES MANŒUVRES DES BATTERIES ATTELÉES, approuvé le 11 août 1882. — Vol. in-32 de 285 pages, avec figures ✕................... 1 »

INSTRUCTION SUR LE REMPLACEMENT DES MUNITIONS EN CAMPAGNE. — Br. in-32 ✕.................... » 30

INSTRUCTION PROVISOIRE POUR LA PRÉPARATION DES TROUPES D'ARTILLERIE A L'EXÉCUTION DU TIR INDIRECT DANS LES PLACES, approuvée le 24 janvier 1885. — Vol. in-32 cartonné de 64 pages ✕.................... » 60

DÉCRET DU 4 NOVEMBRE 1886, portant réorganisation et programme pour l'ÉCOLE D'ARTILLERIE ET DU GÉNIE ✕.. » 50

COURS SPÉCIAL A L'USAGE DES SOUS-OFFICIERS D'ARTILLERIE approuvé par le Ministre de la guerre le 20 juillet 1881, nouvelle édition mise à jour jusqu'en 1888. — Volume in-8o de 252 pages ✕...................... 3 »

MANUEL DU SOUS-OFFICIER D'ARTILLERIE. — Vol. in-32 de
112 pages, cartonné .... 1 »

PROGRAMME DES COURS PRÉPARATOIRES PROFESSÉS DANS
LES ÉCOLES RÉGIMENTAIRES DE L'ARTILLERIE ET DU TRAIN
DES ÉQUIPAGES MILITAIRES (du 7 janvier 1887). — Br.
in-8º de 16 pages ✕ .... *franco* » 50

RÈGLEMENT DU 1er SEPTEMBRE 1888 sur le service des écoles
régimentaires des corps de troupe de l'artillerie et des
équipages militaires. — Br. in-8 de 24 p., *franco*.. » 35

TARIFS ET DEVIS DES OBJETS COMPOSANT LE HARNACHEMENT
DES CHEVAUX DE L'ARTILLERIE ET DU TRAIN DES ÉQUIPA-
GES (5 janvier 1887). — Br. in-8º de 80 pages *franco* » 85

HISTORIQUE SUCCINCT DE L'ARTILLERIE AU TONKIN PENDANT
LES ANNÉES 1883 ET 1884, par L. Humbert, chef d'escadron d'artillerie de la marine, breveté d'état-major. —
2 vol. brochés.................................... » 70
    Richement reliés toile........................... 1 20

LIVRETS

(Riche reliure en toile gaufrée avec barrette déposée.)

LIVRET DE L'OFFICIER DE DEMI-BATTERIE (28 décembre 1883),
contenant 200 feuillets imprimés ✕ 2 75

LIVRET DE L'ADJUDANT, contenant 200 feuillets ✕ 2 75

LIVRET DE MARÉCHAL DES LOGIS, contenant 89 feuillets ✕ 2 25

Feuillets mobiles séparés (indiquer l'espèce); le cent ✕. 1 25

(Le nombre des feuillets peut être augmenté ou diminué.)

Couvertures ✕.. » 50

Barrettes en cuivre ✕ .... » 50

Train des équipages

MODIFICATIONS AU SERVICE INTÉRIEUR. — Fascicule de 68
pages, imprimées d'un côté seulement ✕ 0 25

DÉCRET DU 28 DÉCEMBRE 1883, portant règlement sur le
SERVICE INTÉRIEUR DES TROUPES DE L'ARTILLERIE ET DU

TRAIN DES ÉQUIPAGES MILITAIRES. — Vol. in-32 cartonné de 420 pages (à jour jusqu'au mois d'août 1888) X. 1 50

EXTRAITS DES DÉCRETS DES 23 OCTOBRE ET 28 DÉCEMBRE 1883, portant règlement sur le SERVICE DANS LES PLACES DE GUERRE ET LES VILLES DE GARNISON, et sur le SERVICE INTÉRIEUR DES TROUPES DE L'ARTILLERIE ET DU TRAIN DES ÉQUIPAGES MILITAIRES. — Vol. in-32 cartonné de 288 pages (à jour jusqu'au mois d'août 1888) X. 1 »

RÈGLEMENT SUR L'INSTRUCTION A PIED DANS LES ESCADRONS DU TRAIN DES ÉQUIPAGES MILITAIRES, approuvé le 11 juillet 1886. — Vol. in-32 de 188 pages, cartonné X.. » 75

RÈGLEMENT SUR L'INSTRUCTION A CHEVAL DANS LES ESCADRONS DU TRAIN DES ÉQUIPAGES MILITAIRES, approuvé le 31 janvier 1877. — Vol. in-32 de 170 pages X...... » 75

INSTRUCTION SUR LA CONDUITE DES VOITURES EN GUIDES POUR LES TROUPES DU TRAIN DES ÉQUIPAGES MILITAIRES, approuvée le 6 février 1875. — Vol. in-32 de 64 p. X » 40

RÈGLEMENT SUR LA CONDUITE DES VOITURES ET MULETS DE BAT POUR LES TROUPES DU TRAIN DES ÉQUIPAGES MILITAIRES, approuvé le 21 juillet 1883. — Vol. de 493 pages avec nombreuses figures dans le texte X.......... 2 »

RÈGLEMENT SUR L'ORGANISATION DES PELOTONS D'INSTRUCTION DANS LE CORPS DU TRAIN DES ÉQUIPAGES, approuvé par le Ministre de la guerre le 17 juillet 1876. — Vol. in-32 broché X.. » 20

INSTRUCTION SUR LE SERVICE DE LA CARABINE MODÈLE 1874, POUR LES TROUPES D'ARTILLERIE ET DU TRAIN DES ÉQUIPAGES MILITAIRES, approuvée par le Ministre de la guerre le 24 mars 1876. — Vol. in-32, broché. X......... » 20

EXTRAIT DE L'INSTRUCTION MINISTÉRIELLE DU 30 AOUT 1884, SUR L'ENTRETIEN DES ARMES ET DES MUNITIONS. — Carabine de cavalerie avec baïonnette et carabine de gendarmerie avec sabre-baïonnette, revolver et armes blanches, munitions. — Br. in-32 de 64 pages X...... » 30

EXTRAIT DE L'INSTRUCTION MINISTÉRIELLE DU 30 AOUT 1884 SUR L'ENTRETIEN DES ARMES ET DES MUNITIONS. — Mous-

queton avec sabre-baïonnette, revolver et armes bla
ches, munitions. — Br. in-32 de 48 pages ×..... »
RÈGLEMENT DU 1ᵉʳ SEPTEMBRE 1888 sur le service des écol
régimentaires des corps de troupe de l'artillerie et d
équipages militaires. — Br. in-8 de 24 p., *franco*.. »
TARIFS ET DEVIS DES OBJETS COMPOSANT LE HARNACHEME
DES CHEVAUX DE L'ARTILLERIE ET DU TRAIN DES ÉQUIP
PAGES (5 janvier 1887). — Br. de 80 pages, *franco* »

LIVRETS

(Riche reliure en toile gaufrée avec barrette déposée.)

LIVRET DE L'OFFICIER DE DEMI-COMPAGNIE (28 décemb
1883), contenant 200 feuillets imprimés ×........ 2
LIVRET DE L'ADJUDANT, contenant 200 feuillets ×..... 2
LIVRET DU MARÉCHAL DES LOGIS, contenant 89 feuillets × 2
Feuillets mobiles séparés (indiquer l'espèce); le cent ×. 1
(Le nombre de feuillets peut être augmenté ou diminué.

Couvertures ×.. »
Barrettes en cuivre ×..................................... »

Justice militaire et Gendarmerie

Abonnement d'un an à L'ECHO DE LA GENDARMERIE NATIONAL
avec l'*Annuaire*. France, Corse, Algérie et Tunisie. 6
Colonies et étranger...................................... 8

NOUVEAUX CODES FRANÇAIS ET LOIS USUELLES CIVILES
MILITAIRES. Recueil spécialement destiné à la genda
merie et à l'armée. — Relié toile anglaise...... 5

LES CODES FRANÇAIS à jour jusqu'en 1872 seulement et d'un
édition inférieure....................................... 2

CODE-MANUEL DE JUSTICE MILITAIRE POUR L'ARMÉE DE TERR
suivi d'une instruction pour la tenue de l'audience p
le président, d'un extrait des Codes d'instruction crim
nelle et pénal; d'un recueil des lois, décrets et circo

Loi tendant a réprimer l'ivresse publique et a combattre les progrès de l'alcoolisme, promulguée le 3 février 1873, en feuille......................... » 15

Loi du 18 avril 1886 sur l'espionnage, en placard.. » 15

Loi sur la police sanitaire des animaux, promulguée le 22 juin 1882.......................... » 20

Lois, décrets, circulaires réglementant la fabrication, l'emploi et le transport de la dynamite et du coton-poudre. — Vol. in-8° de 84 pages................ 1 »

Dictionnaire des connaissances générales utiles a la gendarmerie, par L. Amade, chef de légion, et, pour la partie administrative, par E. Corsin, capitaine à la garde républicaine. — Fort vol. in-8°, broché, de 800 pages (6e édition)........................... 5 »

    Relié toile anglaise...................... 6 »

Guide formulaire de la gendarmerie dans l'exercice de ses fonctions de police judiciaire, civile et militaire, par Etienne Meynieux, docteur en droit. — Vol. in-8° de 540 pages, broché...................... 6 »

Carnet-guide du gendarme, revu, augmenté et mis à jour, (5e édition, 1888), volume entièrement modifié, d'un format commode, facile à mettre dans la poche, recouvert élégamment en toile dorée................. 1 25

Nouveau Vade-mecum de la gendarmerie, par M. le lieutenant Berthet, commandant d'arrondissement. — Joli vol. in-32 de 130 pages, relié en toile anglaise........ 1 25

Annuaire spécial de l'arme de la gendarmerie, pour 1888 — Br. in-8° de 254 pages.................... 2 »

Almanach de la gendarmerie pour 1889. — Br. in-32 de 216 pages.......................... » 60

Prévôté aux armées. — Extrait des circulaires des 19 et 25 octobre 1887. — In-32 de 64 pages, relié toile.. » 60

Décret du 19 octobre 1887 sur la comptabilité des prévôtés en campagne. — Br. de 76 pages avec modèles et tableaux.........................*franco* » 70

Instruction du 25 octobre 1887 sur le service prévotal de la gendarmerie aux armées. — Br. in-8° de 188 pages........................*franco* 1 50

La Prévôté en campagne, *Aide-mémoire*, par M. L. Amade, lieutenant-colonel, commandant la 11e légion. — Vol. in-32 de 232 pages, honoré d'une souscription des Ministres de la guerre et de la marine (2e édition).

Broché 1 30
Cartonné.. 1 60
Relié toile, avec poche, coulisseau à crayon...... 2 25

Extrait a l'usage des brigades de gendarmerie de l'instruction du 28 décembre 1879 (édition refondue), *sur l'administration des hommes de tout grade de la disponibilité, de la réserve et de l'armée territoriale dans leurs foyers.* — Vol. in-8º de 230 pages .... 2 »

Instruction sur l'administration des gendarmes réservistes et territoriaux dans leurs foyers (circulaire ministérielle du 1er février 1884). — Br. in-32...... » 25

Devoirs de la gendarmerie, en ce qui concerne les hommes astreints au service militaire. (Chapitre Ier de l'instruction du 20 décembre 1880, mis à jour jusqu'au 5 octobre 1888.) — Vol. in-18, relié toile............. 1 »

Manuel du gendarme, pour servir à la rédaction des procès-verbaux, indispensable à tous les sous-officiers, brigadiers et gendarmes soucieux de bien remplir leur mission (10e édition). — Beau petit vol. in-32 de 100 pages, richement relié en toile gaufrée.................... » 80

Modèles d'analyses de procès-verbaux, pouvant s'appliquer à tous les cas qui se rencontrent dans la gendarmerie. — Br. in-18................................ » 30

Carnet de poche à l'usage des commandants de brigade et des gendarmes, pour servir à l'inscription des signalements, mandats de justice et ordres de recherche, avec table alphabétique, papier blanc réservé pour notes, relié toile avec coulisseaux.

De 130 feuillets................................ 1 50
De 236 feuillets................................ 2 50

Résumé méthodique des pièces a fournir par les commandants de brigade, en ce qui concerne le recrutement, les militaires en congé, en permission ou a l'hôpital, revu et annoté par le commandant P. T. — Br. in-18.. » 50

MANUEL SUR LES PENSIONS DE RETRAITE DES OFFICIERS, SOUS-OFFICIERS, BRIGADIERS, CAPORAUX, SOLDATS OU GENDARMES, ET SUR LES PENSIONS DES VEUVES ET SECOURS AUX ORPHELINS, avec tarifs, annotations et explications utiles à la gendarmerie. — Br. in-8º de 52 pages, avec nombreux tableaux (4e édition) .... 1 »

INSTRUCTION DU 27 AOUT 1886, relative aux DEMANDES DE SECOURS .... » 50

DÉCRET DU 1er MARS 1854, portant règlement sur L'ORGANISATION ET LE SERVICE DE LA GENDARMERIE, mis à jour jusqu'au mois de juin 1888 et annoté par un officier de l'arme. — Vol. in-8º relié ✕..................... 2 »
Le même, intercalé de papier blanc ✕ .... 3 »

RÈGLEMENT DU 9 AVRIL 1858 SUR LE SERVICE INTÉRIEUR DE LA GENDARMERIE, modifié par les nouvelles instructions et annoté par un officier de l'arme, suivi de l'instruction spéciale du 25 avril 1873 sur l'hygiène des chevaux des brigades de gendarmerie (à jour jusqu'au mois de juillet 1888). — Vol. in-8º ✕..................... 1 30
Le même, intercalé de papier blanc ✕................. 2 50

INSTRUCTION MINISTÉRIELLE DU 30 AVRIL 1883, SUR LE SERVICE MUNICIPAL DE LA GARDE RÉPUBLICAINE. — Vol. in-8º de 64 pages, relié.................................. » 40

DÉCRET DU 18 FÉVRIER 1863, portant règlement sur LA SOLDE, LES REVUES, L'ADMINISTRATION ET LA COMPTABILITÉ DE LA GENDARMERIE, annoté et mis à jour jusqu'au 1er août 1887, par E. Corsin, capitaine à la garde républicaine.— Vol. in-8º, relié toile anglaise, de 278 pages ✕... 4 »

RÈGLEMENT DE 1884, POUR LES FRAIS DE COMPARUTION EN JUSTICE ET LE TRANSFÈREMENT DES PRISONNIERS. — Br. in-32.. » 30

RÈGLEMENT SUR LES EXERCICES A PIED DE LA GENDARMERIE, approuvé par le Ministre de la guerre le 2 mai 1883. — Vol. relié de 198 p., avec figures dans le texte (édition de 1887) ✕.................................. 1 »

RÈGLEMENT SUR LES EXERCICES A PIED ET A CHEVAL DE LA GENDARMERIE, approuvé par le Ministre de la guerre le 2 mai 1883. — Vol. relié de 424 pages, avec figures dans le texte (édition de 1888) ✕..................... 1 35

ESQUISSE HISTORIQUE DE LA GENDARMERIE FRANÇAISE, par
H. Delattre :

Aux gendarmes. — Origines. — Organisations et dénominations diverses.
— Service particulier de la cour : Prévôté de l'hôtel ; Compagnie des
voyages et chasses du roi et gendarmerie forestière ; Gendarmerie d'élite ;
Gendarmerie de la garde impériale sous Napoléon III. — Service spécial
de la ville de Paris : Guet royal ; Garde de l'hôtel de ville ; Compagnie
de robe courte et du Châtelet ; Prévôté générale des monnaies ; Garde de
Paris ; Gardes des îles, ports et quais ; Gardes de Bicêtre et de la Salpé-
trière ; Gendarmerie des tribunaux ; Grenadiers-gendarmes ; Divisions de
la gendarmerie nationale parisienne ; Légion de police générale ; Garde
municipale de Paris ; Gendarmerie impériale de Paris ; Gendarmerie
royale de Paris ; Garde républicaine. — Service de la province et des
armées : Compagnie de la connétablie ; Compagnie de maréchaussée de
l'Ile-de-France ; Compagnies de maréchaussée des diverses provinces et
généralités ; Divisions et légions de gendarmerie des départements ; Divisions d'après le titre VII de la loi du 16 février 1791. — Inspections :
Gendarmerie de l'armée d'Espagne ; Archers de la marine ; Gendarmerie
maritime ; Gendarmerie coloniale ; Voltigeurs corses ; Compagnies séden-
taires ou vétérans de la Gendarmerie ; Gendarmerie mobile ; Régiments
provisoires de gendarmerie à cheval ; Légion d'Afrique ; Voltigeurs
algériens ; Régiments de gendarmerie à pied et à cheval pendant la guerre
de 1870-71 ; Gendarmes réservistes et territoriaux ; Recrutement ; Uniforme ;
Attributions ; Services rendus.

Ecoles

RÈGLEMENT MINISTÉRIEL DU 24 AVRIL 1888 SUR LES EXAMENS DES CANDIDATS AU BREVET D'ÉTAT-MAJOR. . . . . » 15
INSTRUCTION DU 28 JUIN 1888 POUR L'ADMISSION A L'ECOLE SUPÉRIEURE DE GUERRE EN 1889. — Br. in-18. . . . . . » 15
RÈGLEMENT DU 18 AVRIL 1875 POUR LE SERVICE DES ÉCOLES RÉGIMENTAIRES DES CORPS DE TROUPE DE TOUTES ARMES. — Br. in-8º de 39 pages. . . . . » 50
PROGRAMMES adoptés le 18 avril 1875 pour l'ENSEIGNEMENT DANS LES ÉCOLES RÉGIMENTAIRES DES CORPS DE TROUPE DE TOUTES ARMES. — Vol. in-8º de 28 pages. . . . . . » 50
RÈGLEMENT ET PROGRAMME DU 31 JUILLET 1879, POUR L'IN-FANTERIE. 1 25
RÈGLEMENT DU 17 JANVIER 1883 SUR LE SERVICE DES ÉCOLES DANS LA CAVALERIE. — Vol. in-32 de 32 pages. . . . » 50
DÉCRET DU 4 NOVEMBRE 1886, portant réorganisation et pro-gramme pour l'ECOLE D'ARTILLERIE ET DU GÉNIE ✕   » 50
PROGRAMME DES COURS PRÉPARATOIRES PROFESSÉS DANS LES ÉCOLES RÉGIMENTAIRES DE L'ARTILLERIE ET DU TRAIN DES ÉQUIPAGES MILITAIRES (du 7 janvier 1887). — Br. in-8º de 16 pages ✕ . . . . franco » 20
RÈGLEMENT DU 1er SEPTEMBRE 1888 SUR LE SERVICE DES ÉCOLES RÉGIMENTAIRES DE L'ARTILLERIE ET DU TRAIN DES ÉQUIPAGES MILITAIRES. — Brochure in-8º de 24 pa-ges. . . . . franco » 35
COURS SPÉCIAL A L'USAGE DES SOUS-OFFICIERS D'ARTILLERIE approuvé par le Ministre de la guerre le 20 juillet 1881, nouvelle édition mise à jour jusqu'en 1888. — Volume in-8º de 252 pages ✕ . . . . 3 »
PROGRAMME DES CONNAISSANCES QUE DOIVENT POSSÉDER LES ENGAGÉS CONDITIONNELS D'UN AN A L'EXPIRATION DE LEUR ANNÉE DE SERVICE. (Art. 56 de la loi du 27 juillet 1872). Pour l'infanterie ✕ . . . . » 25
PROGRAMME DES EXAMENS POUR L'ADMISSION A L'ECOLE D'AD-MINISTRATION DE VINCENNES. — Br. in-32 de 16 pa-ges ✕ . . . . » 50
PETITE GÉOGRAPHIE DE LA FRANCE A L'USAGE DES ÉCOLES ET DES FAMILLES. 1 25
ALPHABET DU SOLDAT. — Ouvrage adopté par M. le Ministre de la guerre, pour l'enseignement de la lecture dans les écoles régimentaires de toutes armes; cartonné. . . » 30

LECTURES DU SOLDAT, livre de lecture courante à l'usage de l'armée, faisant suite à l'Alphabet du soldat ... 1 »

LECTURES MILITAIRES A L'USAGE DES ÉCOLES RÉGIMENTAIRES, par Adam (Adolphe), professeur d'histoire au Prytanée militaire de la Flèche. — Fort vol. in-12 cartonné. 1 50

NOEL ET CHAPSAL. — NOUVELLE GRAMMAIRE FRANÇAISE avec nombreux exercices d'orthographe, de syntaxe et de ponctuation, — Vol. in-8º de 220 pages........ 1 50

BESCHERELLE (H.) Jeune. — DICTIONNAIRE CLASSIQUE DE LA LANGUE FRANÇAISE, le plus exact et le plus complet de tous les ouvrages de ce genre, et le seul où l'on trouve la solution de toutes les difficultés grammaticales et généralement de toutes celles inhérentes à la langue française, suivi d'un Dictionnaire géographique, biographique et mythologique. — Fort vol. grand in-8º de 1,308 pages .... 11 »

Le même, richement relié demi-maroquin............ 15 »

LAROUSSE. — NOUVEAU DICTIONNAIRE DE LA LANGUE FRANÇAISE, comprenant : 1º Une nomenclature très complète de la langue, avec la nouvelle orthographe de l'Académie, les étymologies et les diverses acceptions des mots appuyées d'exemples ; 2º Des développements encyclopédiques relatifs aux mots les plus importants des sciences, des lettres et des arts ; 3º Un dictionnaire des locutions grecques, latines et étrangères que l'on trouve souvent citées par nos meilleurs écrivains ; 4º Un dictionnaire géographique, historique, artistique et littéraire. *Quatre dictionnaires en un seul.* (64º édition, augmentée et illustrée de 1,500 gravures). Prix, cartonné.. 2 60

   Par la poste...................................... 3 20

GUÉRARD ET SARDOU. — DICTIONNAIRE DE LA LANGUE FRANÇAISE............................... *franco* 3 20

MODÈLES D'ÉCRITURES EN TOUS GENRES, carnet complet très soigné.. 1 50

SOLUTIONS RAISONNÉES DES QUESTIONS DE GÉOMÉTRIE PROPOSÉES DANS LE COURS DES ÉCOLES RÉGIMENTAIRES, à l'usage des sous-officiers candidats à l'Ecole militaire de Saint-Maixent. — Vol. in-18 de 156 pages......... 3 »

MANUEL FRANÇAIS-ITALIEN SUR LES RECONNAISSANCES d'après le programme ministériel du 30 septembre 1874, par Jules Papillon, officier d'Académie, membre fondateur de la Société polytechnique militaire. — Vol. in-32 de 200 pages.. 1 50

GUIDE MILITAIRE FRANCO-ALLEMAND, à l'usage de l'armée, des écoles militaires, des collèges et des sociétés de gymnastique, par Emile Lebert.................... 1 50

PETIT GUIDE FRANÇAIS ALLEMAND, à l'usage du soldat. — Br. in-32 de 20 pages, couverture parcheminée....... » 20

MINISTÈRE DE LA GUERRE. — Ecoles régimentaires. — Cours préparatoire.

GRAMMAIRE ET COMPOSITION FRANÇAISE. — Vol. in-18 de 324 pages =.. 2 »

ARITHMÉTIQUE ET SYSTÈME MÉTRIQUE. — Vol. in-18 de 230 pages =.. 1 60

GÉOMÉTRIE. — Vol. in-18 de 197 pages avec figures dans le texte =.. 1 60

TOPOGRAPHIE. — Vol. in-18 de 182 pages avec figures dans le texte, tableaux et carte =................... 2 »

FORTIFICATION DE CAMPAGNE. — Vol. in-18 de 191 pages, avec figures dans le texte =................... 2 »

GÉOGRAPHIE. — Vol. in-18 de 174 pages, avec 14 cartes =.. 3 »

HISTOIRE MILITAIRE. — Vol. in-18 de 246 pages, avec 12 cartes =.. 4 50

(Les 7 volumes pris ensemble, 13 fr. 50, frais de port en sus.)

Corps spéciaux

DOUANIERS ET CHASSEURS FORESTIERS

GUIDE A L'USAGE DES OFFICIERS DES BATAILLONS DE DOUANIERS, par L. Pierre. — Vol. in-32 de 112 pages, relié toile.. 1 50

MANUEL D'INSTRUCTION MILITAIRE à l'usage des brigadiers, candidats au grade de sous-lieutenant des douanes et des officiers et contrôleurs candidats au grade de sous-inspecteur des douanes, par L. Martin, contrôleur des douanes. — Vol. in-32 de 120 pages, relié toile...   1 50

Correspondance par Signaux et par Pigeons

RÈGLEMENT DU 1er AVRIL 1887 SUR L'ORGANISATION ET LE FONCTIONNEMENT DU SERVICE DES SIGNALEURS DANS LES CORPS DE TROUPE D'INFANTERIE ✕..............   » 05

INSTRUCTION DU 16 JUIN 1885 POUR LA CORRESPONDANCE PAR SIGNAUX DANS LES CORPS DE TROUPE. — Br. in-32 de 64 pages ✕..............   » 60

EXTRAIT DE L'INSTRUCTION POUR LA CORRESPONDANCE PAR SIGNAUX ✕..............   » 05

CARNET DE DÉPÊCHES SPÉCIAL contenant, sous une couverture parcheminée, un bloc de dépêches numérotées de 1 à 48 ✕..............   » 75

CORRESPONDANCES MILITAIRES PAR PIGEONS VOYAGEURS. Etude faite par le lieutenant-colonel de la Villatte du 5e régiment d'infanterie, officier d'Académie. — Vol. in-8º de 56 pages..............   2 »

Arts académiques

MANUEL DE GYMNASTIQUE, approuvé par le Ministre de la guerre le 26 juillet 1877. — Vol. in-32 de 236 pages, avec figures dans le texte et une planche ✕..............   1 25

MANUEL D'ESCRIME, approuvé par le Ministre de la guerre le 18 mai 1877. — Vol. in-32 de 128 pages, avec figures dans le texte. — Cartonné ✕..............   » 60

EXERCICES plus particulièrement propres à l'ASSOUPLISSEMENT. (Extrait de l'instruction du 24 avril 1846). — Vol. in-32 broché ✕..............   » 15

ESCRIME DE CHAMBRE, méthode pour s'exercer seul à faire des armes, par le commandant E. T. — Br. in-32 de 24 pages..............   » 25

INSTRUCTION DU 9 OCTOBRE 1885 SUR L'ORGANISATION ET LE
   FONCTIONNEMENT DES SOCIÉTÉS DE TIR ET DE GYMNAS-
   TIQUE... » 60

Topographie, Cartes, Plans, Instruments, etc.

COURS DE TOPOGRAPHIE, à l'usage des officiers et sous-officiers de toutes armes (armée active, réserve, armée
   territoriale), ouvrage rédigé conformément aux programmes officiels du 30 septembre 1874, par A. Laplaiche,
   professeur de la Société française de physique, de la
   Société nationale de topographie pratique, ancien professeur de l'Université. — 2 vol. in-32 (5ᵉ édition) :

   Le 1ᵉʳ de 120 pages, orné de 140 figures, broché. » 35
      Relié toile gaufrée.............................. » 60
   Le 2ᵉ de 128 pages, orné de 66 figures, broché.. » 35
      Relié toile gaufrée.............................. » 60

MINISTÈRE DE LA GUERRE. — Ecoles régimentaires,
   Cours préparatoire. — TOPOGRAPHIE. — Vol. in-18 de
   182 pages, avec figures dans le texte, tableaux et
   cartes ".. 2 »

NOTIONS SOMMAIRES SUR L'ÉTUDE ET LA LECTURE DES CAR-
   TES TOPOGRAPHIQUES, par le commandant A. H. — Br.
   in-8ᵒ avec nombreux plans et dessins =......... » 75

ECOLE THÉORIQUE ET PRATIQUE D'ORIENTATION MILITAIRE, à
   l'usage des troupes de toutes armes, par A. de Vaucresson, colonel du 13ᵉ de ligne. — Vol. in-32 broché. » 25

CARTE DU TONKIN, publiée avec l'autorisation de M. le
   Ministre de la marine et des colonies, par M. A. Gouin,
   lieutenant de vaisseau. Chromolithographie, format
   71/108 cent.. 4 »

CARTE DES ENVIRONS DE LIMOGES au $\frac{1}{20,000}$ format
   100 × 80 centimètres.

   En feuille =.. 2 »
   Collée sur toile =.................................... 4 »
      —   — et pliée =............................ 5 »

CARTE DES TERRAINS DE MANŒUVRES DE LIMOGES au $\frac{1}{10,000}$ format 50 × 60 centimètres, imprimée en quatre couleurs.

En feuille =.. » 75
Collée sur toile =...................................... 1 50
—   — et pliée =.................................. 2 25

NOUVELLE CARTE MILITAIRE DE LA FRANCE, par le commandant Bonetti, donnant, par région de corps d'armée et par subdivision de région, l'emplacement de toutes les troupes de l'armée active, y compris les nouveaux régiments, et de l'armée territoriale, les anciennes et nouvelles lignes de chemins de fer, etc. ; belle chromo-lithographie en sept couleurs, avec répertoire et tableaux y annexés, honorée d'un prix du Ministre et couronnée par la Société nationale d'instruction et d'éducation populaires (médaille d'honneur). — Une feuille format grand colombier (10e édition) =.................. 2 »

GRAPHIQUES DE MARCHE. — Papier quadrillé bleu à 2^{mm}, format 30 × 40 centimètres, avec traits renforcés dans les deux sens pour indiquer les heures et les distances; la feuille ×... » 08

RAPPORT DE RECONNAISSANCE, modèle A; conforme au modèle donné à l'instruction pratique sur le service en campagne; n° 72, infanterie, et n° 70, cavalerie; le cent ×... 2 »

ENVELOPPES pour lesdits rapports, le cent ×......... 2 50

CARNET DE MANŒUVRES, solidement relié, avec poche, deux coulissseaux, crayons rouge et bleu, fermant avec caoutchouc soie, contenant un bloc de 100 rapports de reconnaissance et 25 enveloppes à leur usage. × 5 »

BLOC DE 100 RAPPORTS DE RECONNAISSANCE, modèle A, pour remplacement dans le carnet ci-dessus. *Le dos est préparé pour le collage. Il suffit de l'humecter et de l'appliquer* ×...................................... 2 50

PAPIER BLEU A DÉCALQUER INDÉFINIMENT, permettant de reproduire simultanément plusieurs copies du même travail. (*Pour obtenir ce résultat, il suffit d'intercaler une feuille de ce papier entre deux feuillets blancs, écrire sur le premier de ces feuillets, et l'on obtient une copie ; deux feuilles bleues intercalées reproduisent deux copies, trois feuilles intercalées en donnent trois, plus l'original).* — La feuille format 0,16 × 0,21 =.......... » 08

RAPPORT JOURNALIER (manœuvres de brigade avec cadres, 12 février 1879) ×...................... » 06

ALIDADE (double décimètre) triangulaire ; l'une —.... » 50

BOUSSOLE DÉCLINATOIRE, 0m,07 de côté ; l'une —..... 1 25

BOUSSOLE DÉCLINATOIRE, 0m,07 de côté ; à suspension — 1 60

La même avec boulons pour carton-planche —....... 2 »

BOUSSOLE FORME MONTRE, cuivre et melchior, 30mm. — 1 »

La même avec arrêt, 35 millimètres —.............. 1 55

La même avec arrêt et chape agate, 40 millimètres —. 2 50

CRAYONS DE COULEUR MINE BLEUE, qual. sup. H. C.-L. — » 20

— — — ROUGE, — — — » 20

— — — BISTRE, — — — » 20

— — — VERTE, — — — » 20

CURVIMÈTRE breveté s. g. d. g. — Instrument de poche destiné à mesurer les lignes droite, courbes ou brisées sur les plans et cartes géographiques ; indispensable aux officiers, ingénieurs, architectes et géomètres. — Prix —.......................... 1 50

CURVIMÈTRE A CADRAN servant à mesurer instantanément et sans report à l'échelle les distances sur les cartes géographiques et les plans quelles que soient leurs échelles. Prix avec étui —.................... 7 50

PODOMÈTRE, 16 lignes, boîte métal nickelé à fond, mouvement cuivre à deux aiguilles, cadran émail à zone couleur, marche garantie —.............. *franco* 16 »

POCHE A CARTES en taffetas transparent et imperméable, à faces quadrillées.

(L'une des faces est divisée en centimètres et en demi-centimètres, l'autre en carrés renforcés ayant 0,0125 de côté et chacun de ces côtés en quatre parties égales ; cette disposition permet de calculer les distances sans le secours du compas ni d'aucun autre instrument sur une carte d'échelle quelconque, depuis le 1/1,000 jusqu'au 1/1,000,000. y compris, par conséquent, les échelles les plus usuelles de 1/20,000, 1/40,000, 1/80,000, 1/320,000, 1/50,000. 1/100,000, 1/500,000.)

    Modèle de la maison H. Charles-Lavauzelle =.. 1 50

POCHE EN ÉTOFFE TRANSPARENTE, permettant de lire les cartes sur le terrain sans qu'elles puissent être détériorées par la pluie (modèle de l'Ecole de guerre), l'une = ... 1 50

Sciences et Art militaires

F. ROBERT, ancien professeur à l'Ecole supérieure de guerre, chef d'état-major de la 6e division d'infanterie :

1re partie, TACTIQUE DE COMBAT DES GRANDES UNITÉS. Vol. in-8o de 160 pages avec six planches en chromo-lithographie, hors texte (1885).................... 4 »

2e partie, TACTIQUE APPLIQUÉE. — Vol. de 216 pages avec 6 planches hors texte en chromo-lithographie (1887)... 4 »

LA GUERRE DE SURPRISES ET D'EMBUSCADES, par A. Quinteau. — 2 beaux vol. grand in-8o d'environ 800 pages, brochés.. 12 »

TRAITÉ DE TACTIQUE EXPÉRIMENTALE, par H. Bernard, colonel du 144e d'infanterie.

Tome I, de 541 avant J.-C. à 1796. — Fort vol. grand in-8o.. 7 50

Tome II, de 1797 à 1805. — Fort vol. grand in-8o 7 50

Tome III, de 1806 à 1812. — — 7 50

Tome IV, de 1813 à 1814. — — 7 50

Tome V, de 1815 à 1854. — — 7 50

Tome VI, de 1855 à 1859. — — 7 50

LA STRATÉGIE APPLIQUÉE, avec cartes et plans, par le colonel Fix (H.-C.), commandant le 6e régiment d'infanterie belge. — 2 forts vol., grand in-8o de 500 pages.. 15 »

GUIDE PRATIQUE POUR LA GUERRE EN AFRIQUE, à l'usage des officiers et des sous-officiers, par le commandant Dumont, du 92e. — Br. in-18 de 96 pages................. 1 25

Règlements sur les exercices et évolutions des troupes
a pied en Italie, en Autriche et en Allemagne, tra-
duits, résumés et annotés par A. de Vaucresson, colonel
du 13e de ligne : *Préliminaires. — Bases de l'instruction.
— Ecole du soldat. — Armes à feu portatives. — Ecole
de peloton. — Méthode d'instruction. — Exercices et
exemples de combat.* — Vol. in-18 de 450 pages, cartonné.. 2 25
Discipline du feu dans le règlement autrichien sur les
manœuvres de l'infanterie. — Br. in-18......... » 60

Hygiène et service médical

Manuel du service des hôpitaux, à l'usage des officiers
d'administration et des candidats à ce grade, par S.
Poulard, professeur à l'Ecole d'administration de Vincennes, licencié en droit. — Vol. in-8º de 306 pages.   6 »
A nos soldats, *premiers secours à porter aux blessés,* par
le docteur A. Tissot, de la faculté de médecine de Paris.
— Vol. in-32 de 210 pages. Relié toile............ 1 50
Médecine et Médecins militaires de l'Armée française
en 1888, par le docteur Chassagne. — Vol. in-8º de 64
pages... 2 50
De l'Insolation, conseils pratiques pour la prévenir sur les
troupes en marche. — Br. in-32 (2e édition)..... » 25
Cours élémentaire d'hygiène militaire et de secours sani-
taires d'improvisation par MM. Dammien, médecin-
major de 1re classe au 12e d'infanterie, et Trumelet, colonel
au même régiment. (2e édition). — Br. in-8º de 112
pages... » 75
Chargement des voitures de chirurgie avec deux planches
représentant ses côtés droit et gauche. — Décision
ministérielle du 20 juin 1881. — Br. in-8º de 48 pa-
ges =... » 30

Hippologie, etc.

Traité d'équitation a l'usage de MM. les officiers d'infanterie et assimilés, par le capitaine Lechevrel, instructeur au 5º chasseurs. — Vol. in-8º de 110 pages. 2 »

INSTRUCTION SPÉCIALE SUR L'HYGIÈNE DES CHEVAUX. — Br. in-8º.. » 25

ABRÉGÉ D'HIPPOLOGIE à l'usage des sous-officiers de l'armée, adopté pour l'enseignement de l'hippologie dans l'armée, par A. Vallon... 3 50

COURS ABRÉGÉ D'HIPPOLOGIE à l'usage des sous-officiers, etc., des corps de troupes à cheval, rédigé par les soins de la commission d'hygiène hippique, approuvé par le Ministre de la guerre le 2 avril 1875. — V. in-18. $\times$ 1 50

ÉTUDES HIPPIQUES, par le capitaine Bellard, du 13º régiment de chasseurs. — Br. in-8º de 200 pages.......... 2 »

MANUEL DE MARÉCHALERIE à l'usage des maréchaux ferrants de l'armée, approuvé par le Ministre de la guerre le 12 décembre 1875. — Vol. in-32 de 212 pages, cartonné $\times$.. 1 25

Historique des corps de troupe

M. Henri Charles-Lavauzelle se met à la disposition de tous les chefs de corps pour publier l'historique de leur régiment dans la série de la *Petite Bibliothèque de l'Armée française.*

HISTORIQUE DU 2º RÉGIMENT D'INFANTERIE. — Vol. in-32 de 128 pages (2º édition). — Broché.................. » 35
   Richement relié toile............................. » 60

HISTORIQUE DU 25º DE LIGNE. — Vol. in-32 de 128 pages broché... » 35
   Richement relié toile............................. » 60

HISTORIQUE DU 30º DE LIGNE. — Vol. in-32 de 128 pages, broché... » 35
   Richement relié toile............................. » 60

HISTORIQUE DU 31º DE LIGNE. — Vol. in-32 de 64 pages, broché... » 35
   Richement relié toile............................. » 60

HISTORIQUE DU 35º DE LIGNE. — Vol. in-32 de 112 pages, broché... » 35

Richement relié toile............................. » 60
STORIQUE DU 56ᵉ DE LIGNE (2ᵉ édition). — Vol. in-32 de
  120 pages, broché............................. » 35
  Richement relié toile......................... » 60
ISTORIQUE DU 62ᵉ DE LIGNE (2ᵒ édition). — Vol. in-32 de
  96 pages, broché............................. » 35
  Richement relié toile......................... » 60
ISTORIQUE DU 64ᵉ DE LIGNE, rédigé d'après les ordres du
  colonel Deaddé, commandant le régiment. — Vol. in-32
  de 64 pages, broché.......................... » 35
  Richement relié toile......................... » 60
STORIQUE DU 65ᵉ DE LIGNE, extrait du registre des marches
  et opérations du régiment. — Vol. in-32 de 128 pages,
  broché....................................... » 35
  Richement relié toile......................... » 60
HISTORIQUE DU 69ᵉ DE LIGNE. — Vol. in-32 de 128 pages,
  broché....................................... » 35
  Richement relié toile......................... » 60
HISTORIQUE DU 71ᵒ DE LIGNE, rédigé d'après les ordres du
  colonel Lachau, par le capitaine adjudant-major Le Grand.
  — Vol. in-32 de 72 pages, broché.............. » 35
  Richement relié toile......................... » 60
HISTORIQUE DU 72ᵉ DE LIGNE. — Vol. in-32 de 128 pag., br. » 35
  Richement relié toile......................... » 60
HISTORIQUE DU 85ᵒ DE LIGNE. — Vol. in-32 de 64 pag.,
  broché....................................... » 35
  Relié toile anglaise.......................... » 60
HISTORIQUE DU 86ᵉ DE LIGNE. — Vol. in-32 de 96 pages,
  broché....................................... » 35
  Richement relié toile......................... » 60
HISTORIQUE DU 92ᵉ DE LIGNE, rédigé par le lieutenant Réthoré,
  sous les auspices de M. le colonel Paquette. — Vol. in-32
  de 96 pages, broché.......................... » 35
  Richement relié toile......................... » 60
ISTORIQUE DU 94ᵉ DE LIGNE. — Vol. in-32 de 128 pages,
  broché....................................... » 35
  Richement relié toile......................... » 60
HISTORIQUE DU 138ᵒ DE LIGNE. — Vol. in-32 de 64 p... » 35
  Relié toile anglaise.......................... » 60

HISTORIQUE DU 7ᵉ BATAILLON DE CHASSEURS A PIED. — 2 vol. in-32, brochés.................................... » 70
 Reliés toile............................... 1 20
HISTORIQUE DU 10ᵉ BATAILLON DE CHASSEURS A PIED. — Vol. in-32 de 80 pages, broché..................... » 35
 Richement relié toile...................... » 60
HISTORIQUE DU 3ᵉ ZOUAVES, rédigé d'après les instructions de M. le colonel Lucas, par le lieutenant Duroy, broché. » 35
HISTORIQUE DE 3ᵉ RÉGIMENT DU GÉNIE, publié avec autorisation du Ministre de la guerre (2ᵉ édition). — 3 vol. brochés.................................... 1 05
 Richement reliés toile..................... 1 80
HISTORIQUE DU 1ᵉʳ RÉGIMENT DE SPAHIS. — Vol. de 96 pages, broché.................................. » 35
 Richement relié toile...................... » 60
ESQUISSE HISTORIQUE DE LA GENDARMERIE FRANÇAISE, par H. Delattre. — Belle br. in-18 de 88 pages........ 2 »
HISTORIQUE DU 3ᵉ RÉGIMENT DE ZOUAVES, rédigé par le lieutenant A. Marjoulet, d'après les ordres du colonel Lucas, commandant le régiment. — Beau vol. in-8º raisin de 328 pages............................... 6 »
HISTORIQUE DU 104ᵉ RÉGIMENT D'INFANTERIE, rédigé d'après les documents du ministère de la guerre, par Joseph Perreau, lieutenant au 104ᵉ régiment. — Vol. in-8º de 158 pages.................................. 3 »
ÉTUDE SUR L'HISTORIQUE DES CHASSEURS A PIED (Extrait de la *Revue d'infanterie*). — Br. in-8º de 68 pages.. 1 25

Histoire militaire

LA VÉRITÉ SUR LA CAMPAGNE DE 1815. — Vol. in-8º de 84 pages..................................... 2 »
HISTOIRE MILITAIRE DE LA FRANCE, de 1643 A 1871, par Emile Simond, lieutenant au 28ᵉ de ligne. — 2 vol. brochés.................................... » 70
 Richement reliés toile..................... 1 20
PRÉCIS D'HISTOIRE MILITAIRE, rédigé d'après les programmes officiels à l'usage des candidats aux écoles militaires et de MM. les officiers, par Vermeil de Conchard, capitaine d'infanterie breveté, ex-professeur à l'Ecole militaire d'infanterie. — Vol. in-18 de 208 pages...... 3 »

Notes sur la campagne du 3e bataillon de la légion étrangère au Tonkin. — Vol. in-8º de 64 pages...   1 »

Journal du siège, de Tuyen-Quan (23 novembre 1884-3 mars 1885). — Vol. in-32 de 102 pages, broché ....   » 35
    Richement relié toile ....   » 60

Histoire de la participation des Belges aux campagnes des Indes orientales néerlandaises sous le gouvernement des Pays-Bas, 1815-1830, par Eugène Cruyplants, capitaine aide de camp du commandant de la garde civique de Gand, officier de l'ordre de Takovo de Serbie, — Br. grand in-8º de 402 pages, avec trois cartes et un portrait du général Lahure ....   5 »

Relation de l'insurrection des troupes espagnoles détachées dans l'ile de séeland, sous les ordres du général Fririon, en 1808, avec les pièces justificatives destinées à compléter la relation, par E. Fririon, capitaine au 8e de ligne, chevalier de la Légion d'honneur. — Vol. in-8º ....   2 »

Campagne du Nord en 1870-1871. *Histoire de la défense nationale dans le nord de la France,* par Pierre Lehautcourt. — Vol. grand in-8º de 300 pages, avec 6 cartes gravées sur acier ....   6 »

Les Méthodes stratégiques des Allemands en 1870. — Br. in-18 de 36 pages............................. 1 »

Exacte vérité sur la trouée tentée a Balan, le 1er septembre 1870 (Bataille de Sedan), par Grand-Didier, capitaine au 34e de ligne, en retraite. — Br. in-8º de de 32 pages.......................................   » 75

Sedan. — Les derniers coups de feu. (3e bataillon du 3e régiment de marche)........................... 1 »

Étude militaire sur l'Egypte, *campagne des Anglais en* 1882 (2e édition). — Br. in-32 de 32 pages sur fort papier velin, broché.......................................   » 35
    Richement relié toile ....   » 60

Le Soudan, Gordon et le Madhi, par le commandant Heumann, O. U. — Vol. de 96 pages, avec 2 cartes et 4 plans broché....................................   » 35
    Richement relié en toile anglaise...............   » 60

L'ÉDUCATION ET LA DISCIPLINE MILITAIRES CHEZ LES ANCIEN[
par Marcel Poullin. — Vol. in-32 de 144 pages; br[
ché .... »

    Richement relié toile .... »

GUERRE DU SOUDAN (LE MADHI), avec carte du théâtre de [
guerre, par A. Garçon, professeur à l'Association pol[
technique. — Br. in-32 (publication de la Réunion d[
officiers) .... » [

PRÉCIS DE LA GUERRE DU PACIFIQUE (*entre le Chili d'une par*[
le Pérou et la Bolivie de l'autre). — Vol. in-32 de 72 p[
ges, suivi d'une carte planimétrique de la côte du Pac[
fique et d'un plan des principales batailles, broché » [

    Richement relié en toile anglaise .... » [

Géographie — Voyages

DU RHÔNE AU PÔ ET VICE-VERSA. — Etude militaire. — Vo[
in-8º de 144 pages 2

PRÉCIS DE GÉOGRAPHIE MILITAIRE, rédigé d'après les pr[
grammes officiels à l'usage des candidats aux écol[
militaires et de MM. les officiers, par Vermeil de Co[
chard, capitaine d'infanterie breveté, ex-professeur [
l'Ecole militaire d'infanterie. — Vol. in-18 de 224 p[
ges 3

PETITE GÉOGRAPHIE DE LA FRANCE A L'USAGE DES ÉCOLES E[
DES FAMILLES 1 2

ALGÉRIE ET TUNISIE, esquisse géographique, par A. L[
plaiche, inspecteur spécial de la police des chemins [
de fer, membre et lauréat de plusieurs sociétés savant[
ancien professeur de l'Université. — Vol. in-18 de 1[
pages 2

MINISTÈRE DE LA GUERRE. — Ecoles régimentaire[
—Cours préparatoire. — GÉOGRAPHIE. — Vol. in-18 d[
175 pages avec 14 cartes ˙ 3

GINDRE DE MANCY. — Dictionnaire des communes de la France, de l'Algérie et des autres colonies françaises, précédé de tableaux synoptiques. — Vol. in-18 de 800 pages, richement relié toile .... 5 »

Les Hautes-Pyrénées, étude historique et géographique du département depuis les temps les plus reculés jusqu'à nos jours, avec une description des principales villes : Tarbes, Bagnères-de-Bigorre, Lourdes, etc.; par MM. Bois, capitaine au 76e d'infanterie, et C. Durier, archiviste du département des Hautes-Pyrénées. — Vol. in-8º de 220 pages............................... 3 50

Armées étrangères

Armées étrangères contemporaines : Europe, Asie, Afrique, Amérique, Océanie, par A. Garçon, 2 vol. in-32 de 98 pages l'un, broché......................... » 70
   Richement relié toile...................... 1 20
L'Armée portugaise, par A. Garçon. — Vol. de 108 pages, broché.................................. » 35
   Richement relié toile...................... » 60
L'Armée allemande, son histoire, son organisation actuelle. — Vol. in-32 de 128 pages (4e édition), broché. » 35
   Richement relié toile...................... » 60
L'Armée suisse, son histoire, son organisation actuelle, par Heumann, O ✠, capitaine instructeur à l'Ecole de Saint-Cyr. — Vol. in-32 de 136 pages, broché.......... » 35
   Richement relié toile...................... » 60
L'Armée russe : organisation générale; le règlement d'infanterie; le service en campagne; instruction sur les travaux de campagne. — Tome 1er, vol. de 96 pages, orné de figures (2º édition) broché.............. » 35
   Richement relié toile...................... » 60
L'Armée belge, composition, recrutement, mobilisation, écoles militaires, institut cartographique, armement, manufacture d'armes de Liège, régime intérieur, alimentation, uniformes, système défensif. — Vol. in-32 de 96 pages, broché............................. » 35

Richement relié toile.............................. » 60

L'ARMÉE ANGLAISE, son histoire, son organisation actuelle, par A. Garçon. — Vol. in-32 de 128 pages, broché. » 35

Richement relié toile.............................. » 60

LA MARINE ANGLAISE, histoire, composition, organisation actuelle, par A. Garçon. — Vol. in-32 de 96 pages, broché.. » 35

Richement relié toile.............................. » 60

L'ARMÉE ITALIENNE, son organisation actuelle, sa mobilisation. — Vol. in-32 de 128 pages, broché.......... » 35

Richement relié toile.............................. » 60

L'ARMÉE OTTOMANE CONTEMPORAINE, par Ch. Lebrun-Renaud. — Vol. in-32 de 88 pages, broché....... » 35

Richement relié toile.............................. » 60

L'ARMÉE DES PAYS-BAS, notices militaires et géographiques. (Publication de la Réunion des officiers.) — 2 vol. brochés.. » 70

Richement reliés toile...................... 1 20

L'ARMÉE SUÉDOISE, par le capitaine R. R***. — Vol. de 62 pages, broché..................................... » 35

EXPOSÉ SOMMAIRE DE L'ORGANISATION MILITAIRE ET DE LA SITUATION FINANCIÈRE DES DIVERS ETATS DE L'EUROPE, AU 31 DÉCEMBRE 1883, par P. Chalier de Grandchamps. — Br. in-32 de 52 pages........................... » 60

Emplois civils — Enfants de troupe

INSTRUCTION SUR LES EMPLOIS CIVILS RÉSERVÉS AUX SOUS-OFFICIERS, à l'usage des militaires de la gendarmerie. — Br. in-32 de 96 pages........................... » 50

INSTRUCTION DU 12 AVRIL 1888 POUR LES CONDITIONS D'ADMISSION DES ENFANTS DE TROUPE. — Br. in-8º de 64 pages.. » 60

INSTRUCTION DU 17 MARS 1888, SUR LES EMPLOIS CIVILS ET MILITAIRES attribués aux sous-officiers rengagés et commissionnés.. » 40
Br. in-8º de 36 pages.....................*franco* » 45

14ᵉ LISTE DES SOUS-OFFICIERS CANDIDATS A DES EMPLOIS CIVILS ET MILITAIRES, classés le 28 février 1887, par la commission instituée en vertu de l'article 8 de la loi du 24 juillet 1873. — Br. in-8º de 40 pages............ » 50

GUIDE DES CANDIDATS A L'EMPLOI DE COMMISSAIRE DE SURVEILLANCE ADMINISTRATIVE DES CHEMINS DE FER, conforme aux derniers règlements officiels. — Br. in-32 de 16 pages =.................................. » 50

GUIDE DES CANDIDATS AUX EMPLOIS DE COMMISSAIRE DE POLICE ET D'INSPECTEUR SPÉCIAL DE LA POLICE DES CHEMINS DE FER, conforme aux dernières instructions ministérielles. — Br. in-32 de 16 pages =.......... » 50

MANUEL DU CANDIDAT A L'EMPLOI DE COMMISSAIRE DE SURVEILLANCE ADMINISTRATIVE DES CHEMINS DE FER, par A. Laplaiche (3ᵉ édition). — Vol. in-12, avec 63 figures dans le texte, broché.......................... 7 50
   Relié en percaline........................ 8 50

RECUEIL COMPLET, avec notes et commentaires, des LOIS, DÉCRETS, CIRCULAIRES, DÉCISIONS ET INSTRUCTIONS MINISTÉRIELLES EN VIGUEUR, établissant les droits des SOUS-OFFICIERS EN MATIÈRE DE RENGAGEMENT ET MARIAGE, RETRAITE ET ADMISSION AUX EMPLOIS CIVILS. — 2 vol. in-32.
   Brochés .... » 70
   Richement reliés en toile anglaise............. 1 20

Littérature

MADAME LA PRÉFÈTE, par Joseph Maire, volume in-18 de 236 pages =................................. 3 »

'ÉCUYER MAGNÉTISEUR, par E. T. — Vol. in-18 de 352 pages =.................................. 3 »

LA FILLE DU LIEUTENANT, traduit de l'anglais par G. Herbignac. — Vol. in-18 de 430 pages =............ 3 50

Péchés d'école. *Carnet d'un artilleur*, par Etoupille. — Vol. in-18 de 226 pages =...................... 3 50

Contes d'amour et de bivouac, par Ch. de Bys. — Vol. in-18 jésus de 276 pages, luxueusement imprimé avec 10 gravures hors texte =...................... 3 50

Péchés de garnison, par E. T..., joli vol. in-18 de 304 pages, luxueusement imprimé =...................... 3 »

Nouveaux péchés, par E. T... — Vol. in-18 de 350 pages. luxueusement imprimé =...................... 3 50

Souvenirs de Saint-Cyr, 1re année (Esquisses de la vie militaire en France). — Joli vol. in-18 de 252 pages, richement imprimé sur papier de luxe (11e édit.)=. 3 »

Souvenirs de Saint-Cyr (2e année), par le même. — Joli vol. in-18 de 288 pages, avec de magnifiques gravures dans le texte =...................... 3 50

Les Saint-Cyriennes, poésies, par Fernand Bernard, avec de splendides gravures dans le texte et hors texte. — Vol. in-18 de 216 pages =...................... 3 »

Mi aime a vous. — Dans le Midi. — Sous les hortensias. — Fanfreluche et Beaucouset. — Vol. in-18 de 292 pages =...................... 3 50

La Langue verte du troupier, belle br. in-18 de 92 pages, avec préface de M. Raoul Bonnery, membre de la Société des Gens de lettres (2e édition) =........ 2 »

Stances d'un volontaire, par Paul de Tournefort. — Poésies patriotiques en une charmante br. in-8o de 36 pages, imprimée avec luxe, honorée d'une souscription du ministère de la guerre (3e édition) =........ 1 »

Qui vive ? France ! Poésie patriotique, plaquette in-8o. » 20

Les Fredons, poésies par Alexandre Vallet. — Vol. de 136 pages...................... 3 »

Fraternité, par L. des Bouffloles. — Roman philosophique, social et militaire ; la Famille, la Patrie française, la guerre contre l'Allemagne, *Sursum corda!* — Couronné par la Société d'encouragement au bien. — Vol. in-18. 2 50

Aventures de trois canonniers, recueillies par un quatrième, par P. Noël. — Vol. in-18 de 338 pages... 3 »

Intimités (sourires et larmes), poésies par F.-J. Mons, officier d'administration. — Vol. velin teinté, caractères antiques et vignettes tête de chapitre........... 2 »

DIVERS

Projet de loi organique militaire, présenté au nom de M. Jules Grévy, président de la République française, par M. le général Boulanger, Ministre de la guerre. — Br. in-8° de 200 pages avec de nombreux tableaux dans le texte =.. 2 »

Agenda de l'armée française pour 1889, carnet de poche recouvert en cuir de Cordoue; véritable *vade-mecum* des milit^{res} de tous corps et de toutes armes = ... 2 »

La Vie militaire (extrait de la *Revue d'infanterie*). — Br. de 20 pages...................................... » 60

Droits et obligations militaires des officiers de réserve et de l'armée territoriale. — Vol. in-32 de 360 pages. Richement relié en toile anglaise =...... 5 »

L'Armée et la ploutocratie, par le capitaine Nemo. Réponse à l'article de la *Revue des deux Mondes*, intitulé l'*Armée et la Démocratie*. — Br. in-8°............. 1 »

La France est prête ! en réponse à l'ouvrage : *Pourquoi la France n'est pas prête ?* (édition de 1887). Br.in-8°. 2 »

Les Batailles imaginaires. — La bataille de Londres en 188..., par A. Garçon. — Br. in-8° de 48 pages.... 1 25

Les Batailles imaginaires. — Le combat naval de Port-Saïd en 1886, entre les flottes alliées de France et de Turquie contre celles d'Angleterre, par A. Garçon. — Br. in-8° de 128 pages...................... 2 50

Le maréchal Davout, duc d'Auerstaedt et prince d'Eckmul. (1770-1823), par Marcel Poullin. — Br. de 40 pages.. 1 »

Les Sous-officiers dans l'avenir ou *la question des sous-officiers.* — Br. in-8° de 34 pages.................. » 60

Nouveaux Codes français et lois usuelles civiles et militaires. Recueil spécialement destiné à la gendarmerie et à l'armée, édition de 1887. Vol. de 1,136 pages. Relié toile anglaise........................... 5 »

Les Codes français, à jour jusqu'en 1872 seulement et d'une édition inférieure. — Vol. in-18 relié basane...... 2 »

Archéologie tunisienne ; *épigraphie des environs du Kef; inscriptions recueillies en 1882-1883,* par Espérandieu,

lieutenant au 17e régiment d'infanterie. — Vol. in-8o avec
20 cartes, plans ou croquis 2 50

DE L'APPLICATION AU SERVICE EN CAMPAGNE D'UNE NACELLE
RÉGIMENTAIRE. — Br. in-32 avec gravures dans le texte.
(Bibliothèque de la *France militaire*) =......... » 50

HISTOIRE ANECDOTIQUE DES ANIMAUX A LA GUERRE, par
Ludovic Jablonski, officier d'administration des hôpitaux. — Vol. in-12 de 204 pages 2 50

CORRESPONDANCES MILITAIRES PAR PIGEONS VOYAGEURS.
Etnde faite par le lieutenant-colonel de la Villate, du
5e régiment d'infanterie, officier d'Académie. — Vol.
in-8o de 56 pages............................... 2 »

ALMANACH DE L'ARMÉE FRANÇAISE EN 1889. — Vol in-32 de
216 pages....................................... » 60

LA CHASSE EN PLAINE, AU BOIS, AU MARAIS, nouveau guide
pratique du petit chasseur, par Edmond Nodot. — Vol.
in-8o de 200 pages, avec dessins hors texte....... 4 »

CODE DES SIGNAUX SUR LES CHEMINS DE FER FRANÇAIS,
d'après l'arrêté ministériel du 15 novembre 1885. — Br.
in-18 avec figures............................... » 50

L'EDUCATION MILITAIRE A L'ÉCOLE, par A. Garçon, professeur à l'Association polytechnique, membre et lauréat de
plusieurs sociétés savantes. — Br. in-32 de 40 pages. » 50

PORTRAIT DU GÉNÉRAL BOULANGER, 525mm × 325mm.. 5 »

PORTRAIT ÉQUESTRE DU GÉNÉRAL DE GALLIFET, format :
525mm × 325mm............................... 5 »

PORTRAIT DE M. CARNOT, Présid. de la République, format :
620mm × 420mm............................... 6 »

L'ÉCHO
DE LA
GENDARMERIE NATIONALE
PARAISSANT LE DIMANCHE

Les abonnements partent du premier jour de chaque trimestre ; ils ne sont par reçus pour moins d'un an, et coûtent avec l'*Annuaire* :

France, Corse et Algérie..... 6 fr. 50
Colonies et Etranger .... 8 fr.

LA
REVUE D'INFANTERIE

Publication mensuelle de 96 pages in-8°

France, Corse et Algérie.......... Un an : 20 fr.
Colonies et Etranger............ id. 25 fr.

LE TERRITORIAL
PARAISSANT LE DIMANCHE

Moniteur de l'Armée territoriale, des Sociétés de Tir, de Gymnastique et d'Instruction militaire.

France, Corse et Algérie....... Un an, 6 fr.
Colonies et Etranger .... id. 8 fr.

Les abonnements partent du 1er de chaque mois

COLLECTION
DU JOURNAL MILITAIRE OFFICIEL

Les volumes détachés ci-après sont en vente à la librairie militaire
Henri CHARLES-LAVAUZELLE :

Edition refondue de l'année 1791 à 1871 inclus, 13 volumes .... 65 »

PARTIE RÉGLEMENTAIRE.

1er et 2e semestres	1879. — 2 vol		15	»
1er et 2e —	1880. — 2 vol		15	»
1er et 2e —	1881. — 2 vol		15	»
1er et 2e —	1882. — 2 vol		15	»
1er —	1883. — 1 vol		7	50
1er et 2e —	1884. — 3 vol		20	
1er et 2e —	1885. — 2 vol		15	

PARTIE SUPPLÉMENTAIRE.

1er et 2e semestres	1876. — 2 vol		20	
1er et 2e —	1877. — 2 vol		10	
1er et 2e —	1878. — 2 vol		10	
1er et 2e —	1879. — 2 vol		10	»
1er et 2e —	1880. — 2 vol		10	»
1er et 2e —	1881. — 2 vol		10	»
1er —	1882. — 1 vol		5	»
1er —	1885. — 1 vol		5	»

BULLETIN OFFICIEL
DU MINISTÈRE DE LA GUERRE

Année 1887. — Partie réglementaire, 2 volumes.
— supplémentaire, 2 —

Chaque volume est vendu séparément **5 fr. 50** aux Chambres, Ministères, Préfectures, Officiers, Fonctionnaires militaires et Officiers de l'ARMÉE ACTIVE et Capitaines-Majors de l'ARMÉE TERRITORIALE et **7 fr. 25** en dehors des catégories ci-dessus.